Colin Howells

Egalité en Christ?

Colin Howells

Egalité en Christ?

La Femme dans la Bible

Éditions Croix du Salut

Imprint

Cover image: www.ingimage.com

Publisher:
Éditions Croix du Salut
is a trademark of
Dodo Books Indian Ocean Ltd. and OmniScriptum S.R.L publishing group

120 High Road, East Finchley, London, N2 9ED, United Kingdom
Str. Armeneasca 28/1, office 1, Chisinau MD-2012, Republic of Moldova, Europe
Printed at: see last page
ISBN: 978-620-3-84567-9

« Egalité en Christ ? »

Le rôle de la femme dans la Bible

Colin Howells

Chapitre 1
La femme dans l'Ancien Testament

Introduction

Lorsque l'on aborde un sujet aussi délicat, aussi profond et aussi controversé que celui du rôle de la femme à la lumière de la Bible, il faut essayer d'éviter deux dangers. Le premier est de rester attaché à une tradition évangélique sans prendre le temps de réexaminer les textes bibliques. Le second est de se laisser entraîner par les courants modernes et de forcer l'interprétation des textes à se conformer à la mode du moment.

II est important de suivre le développement biblique car, en le faisant, nous nous trouverons en face de circonstances bien différentes suivant notre point de chute.

Il convient donc de souligner trois étapes dans l'évolution de l'histoire de l'humanité.

- L'importance de l'ordre originel ! Quel fut le plan de Dieu ?
- En quoi cet ordre a-t-il été modifié par la désobéissance de l'homme ?
- Quels changements, s'il y en a, furent apportés par la venue du Christ.

1. L'Ancien Testament (avant la chute)

Le premier texte important se trouve au tout premier chapitre de la Bible :

Genèse 1 :27 *« ...il créa l'homme à son image, il le créa à l'image de Dieu, il les créa mâle et femelle. »*

Tous deux participaient également à l'image de Dieu, tous deux possédaient donc un esprit éternel capable d'entrer en communion avec leur Créateur. Selon Saint Augustin, rien ne permet de penser que la femme participe à un moindre degré que l'homme à cette image. C'est donc en tant que mâle et femelle qu'ils furent créés tous deux à l'image de Dieu. Les termes « mâle » et « femelle » ne parlent que d'une différence anatomique ou physiologique. Ces mêmes termes sont également employés pour les animaux (nous les utilisons encore aujourd'hui) sans qu'il y ait une notion de valeur. En ce qui concerne ce premier couple, Dieu le bénit et lui donna des instructions.

Genèse 2 : 18-24. Nous voici face à un autre passage important qu'il faut examiner en détail.

Certains ont suggéré que le terme « aide » indique un rôle secondaire et subalterne pour la femme. En réalité, ce terme ne signifie ni infériorité ni supériorité. Nous trouvons ce terme utilisé 19 fois dans l'Ancien Testament et en 16 de ces occasions ce terme « aide » s'applique à Dieu (Deut.33 2 7, 26,29 ; Ps 121.) Dans les 3 autres cas, où le terme s'applique à l'homme, il est une aide inefficace !

L'expression *« semblable à lui »* (v.18), indique à quel point la femme ressemble à l'homme. Elle fut créée pour être son vis-à-vis, l'être qui lui manquait afin qu'il soit « complet », l'être avec qui il pouvait être en parfaite communion. Le fait qu'elle ait été *« tirée de l'homme »* ne signifie pas qu'elle soit inférieure à lui. Il n'y a là aucune notion de subordination car l'homme a été tiré de la poussière !

« Os de mes os, chair de ma chair » (v. 23), et (les expressions analogues (Gen 29 : 14 ; Juges 9 : 2 ; 2 Samuel 5 : 1 ; 19 : 12) suggèrent non seulement une similitude mais l'égalité. Cela dit, il faut bien admettre que cette expression n'exclue pas une notion de hiérarchie dans certaines situations car un père pouvait l'employer pour désigner son fils ou de ses frères (2 Samuel 19 : 12).

« Une seule chair » (v. 24), suggère non seulement l'égalité, cette expression exclue expressément toute notion de supériorité ou de hiérarchie. C'est une expression que nous pourrions mettre en parallèle avec l'idéal exprimé dans le Nouveau Testament – « une même âme, un même sentiment, une même volonté » (Phil. 1 : 27 ; 2 : 2 ; 1 Pierre 3 : 8.)

Certains essaient, injustement, d'établir un parallèle entre les versets 19 et 23 ou Adam nomme les animaux, puis affirme, *« on l'appellera femme »* pour prouver qu'il use de son autorité, donc de sa supériorité sur elle. Dans ce deuxième cas cependant il n'exerce ni autorité ni ne manifeste de supériorité. Dans le cas où il donne des noms aux animaux il exerce l'autorité que Dieu a accordée à l'homme (c'est-à-dire à l'humanité, mâle et femelle) sur la création. De toute façon, « femme » n'est pas un nom !

2. L'Ancien Testament (la chute... et après)

Beaucoup de commentateurs soulignent le fait que dans Genèse 3 : 1 Satan s'adresse à Eve plutôt qu'a Adam. Ils affirment que le diable s'est adressé au plus faible des deux. Mais l'Ecriture ne fournit aucune explication de ce geste. Nous ne devons donc pas en tirer des conclusions trop hâtives. Ceci est d'autant plus vrai que, quelques versets plus loin, (v. 9), Dieu s'adresse à l'homme et à la femme individuellement en les traitant comme des égaux. Dieu tient chacun responsable de ses propres actions. Ils sont égaux dans leur responsabilité comme ils sont semblables dans leur perversité, car chacun a essayé de blâmer quelqu'un d'autre.

A partir des versets 16 et 17, nous voyons que le jugement de Dieu frappe l'un comme l'autre. Le même terme, « peine » est employé pour les deux. Chacun subit donc la conséquence du péché dans le domaine qui lui est propre : de mère pour la femme et du pourvoyeur du foyer pour l'homme.

La dernière partie du verset 16 mérite une attention toute particulière. Se penchant sur la déclaration, *« il dominera sur toi »*, il faut affirmer qu'il ne s'agit nullement de l'instauration d'un nouvel ordre divin mais de l'annonce d'un châtiment prédit par Dieu en quelque sorte ; les conséquences dramatiques de la nouvelle situation avec l'entrée du péché dans le monde – la tyrannie que l'homme exercerait désormais sur la femme. Si donc la femme a été bafouée, exploitée et, tyrannisée depuis des millénaires, ce n'est nullement le dessein de Dieu mais une des conséquences du péché !

La faute d'Adam (v. 17), ne se trouve pas dans le fait d'avoir « écouté » la voix de sa femme, car d'autres ont bien écouté leurs épouses à bon escient, non, sa faute réside dans le fait de l'avoir écoutée alors qu'elle contredisait les instructions de Dieu ! Dieu lui-même confirme ce fait lorsqu'il dit : *« ... je t'avais donné cet ordre : tu n'en mangeras point ».*

La chute n'entraîne donc pas un ordre nouveau, mais introduit du désordre dans l'ordre instauré par Dieu. Ce désordre a engendré une évolution qui a créé un nouveau statut culturel et social de la femme — ce qui n'n'était pas conforme aux intentions de Dieu. Plusieurs exemples dans l'Ancien Testament nous montrent la dégradation rapide de la situation de la femme. Nous découvrons, à travers des textes bibliques qu'elle fut considérée comme un objet ! Elle pouvait être vendue ou achetée en tant que possession de l'homme ! (Exode 21). La polygamie et le concubinage étaient désormais tolérés (Deut. 21 1 15-17.)

3. La femme sous l'Ancienne Alliance

La Parole de Dieu intervient dans le cadre de l'Alliance pour codifier la volonté de Dieu pour la femme Israelite, bénéficiaire des prévisions de l'Alliance. En effet, le statut de la femme en Israël fut bien meilleur que celui des autres peuples. L'Ancien Testament lui accorda une position bien supérieure à celle des nations païennes environnantes. Tout d'abord, elle pouvait accepter ou refuser le mariage (Gen.24 :39,57-59). Elle jouissait aussi d'une liberté plus grande en ce qui concernait ses activités et son rang social était plus élevé et respecté ! Les enfants devaient honorer aussi bien leur mère que leur père (Ex.20 :12). En ce qui concernait les autres mesures, comme nous allons le voir, la Parole de Dieu intervenait dans un cadre historique sans toutefois bouleverser l'ordre humain. (La méthode de Dieu se manifeste déjà non comme une révolution mais une transformation progressive de la pensée et le cœur). Compte tenu donc de la situation historique de l'époque, les lois énoncées dans Deut. 24 :1 ; 25 : 5-10 furent destinées à protéger la femme. Comme nous venons de voir, non seulement les enfants lui devaient respect, mais aussi obéissance (Deut. 21 : 18ss). Ce fut la femme, en effet, qui donnait les noms aux enfants et qui était responsable de leur éducation initiale. Les mêmes sacrifices furent aussi offerts pour l'homme et pour la femme (Lév. 12 : 5ss).

S'il est vrai que dans l'Ancien Testament, aucune mention n'est faite de femmes qui exerçaient des fonctions cultuelles ou civiques, nous ne devons pas oublier qu'il s'agissait d'une société patriarcale. En effet, Israël s'est distingué de la majorité des peuples environnants par le fait que les prêtres étaient fou jours des hommes — ces autres peuples avaient souvent des prêtresses qui servaient des divinités féminines. Cela ne suggère, en aucun cas cependant, l'infériorité de la femme. En Israël, la femme jouissait des mêmes privilèges que les hommes au culte. Certains textes montrent qu'elle fut souvent incluse dans la mention de l'homme (voir par ex. 2 Samuel 6 : 18-19.) La femme faisait partie du « peuple » au même titre que l'homme et participait aux fêtes, soit en tant qu'Israélite à part entière (comme les hommes), soif en tant qu'épouse (le couple étant pris en considération). Nous pouvons citer en exemple des clauses de l'alliance dans Deut.12 :7 et 12 où, manifestement, elle était incluse dans la famille (les autres membres, fils, filles, serviteurs, servantes et des lévites qui habitaient dans la ville étant, en effet, mentionnés à part.)

Les femme participaient, au même titre que les hommes, aux sacrifices (Juges 13 : 20 et 23) et elles s'assemblaient devant le tabernacle (Exode 38 : 8 ; 1 Sam. 2 : 22). Elles chantaient avec les lévites dans les chœurs (Esdras 2 : 65) et se consacraient à l'Eternel, comme les hommes, par le vœu de Naziréat (Nom. 6 : 2) [alors que tout le passage concernant cette loi est rédigé au masculin] (Nom. 6 : 2-21).

Ainsi, comme nous l'avons dit plus haut, sous l'Ancienne Alliance, malgré le fait que la femme semble, en règle générale, se trouvait reléguée à l'arrière-plan, lorsqu'elle apparaît sur la scène familiale, religieuse ou politique, elle ne rencontre nullement la désapprobation de Dieu, au contraire ! Dans Gen. 21 : 12, Dieu recommanda à Abraham d'écouter la voix de sa femme. Marie (Myriam) eut le rôle de prophétesse (Exode 15 : 20-21) et, beaucoup plus tard, les chefs du peuple et le pieux roi Josias lui-même, allèrent consulter Huldah la prophétesse (2 Rois 22 : 11-20), afin de lui exposer la situation périlleuse dans laquelle se trouver le pays et lui demander de consulter l'Eternel de leur part. Quant à Déborah, non seulement fut elle prophétesse mais juge et chef du peuple (Juges 4 : 4-10). Un dernier exemple d'une femme politique nous révèle à quel point Dieu utilisa une femme afin de sauver son peuple, Il s'agit de la reine Esther (Esther 4 2 14).

Compte de l'imposition du voile dans certaines cultures, il convient d'en dire quelques mots concernant le port du voile dans la Bible. Aucune Israélite ne portait de voile. Plusieurs textes de l'Ancien Testament mentionnent la femme, non voilée en public. Ce fut le cas de Sara (Gen. 12) à la cour d'Egypte. Rébecca arriva, sans voile, au puits afin d'y remplir sa cruche (Gen 24 :16), tout comme Rachel (29 : 11). Enfin, dans 1 Sam 1 : 13, Anne, non voilée, s'est présentée au Tabernacle car Eli vit bouger ses lèvres.

Ce ne fut que beaucoup plus tard, dans ce qu'on appelle le « bas- judaïsme » (développement qui s'établit après le retour de l'exil et qui durait jusqu'à la destruction de Jérusalem en l'an 70 de notre ère) que le port du voile s'est introduit de plus en plus. C'est alors que la femme se vit imposer de plus en plus de restrictions. Cela apparaît dans les livres deutérocanoniques comme celui du Siracide (les proverbes de Ben Syra écrit vers 200 avant notre ère.) Nous y lisons, *« la femme est à l'origine du péché et c'est à cause d'elle que nous mourrons…si elle ne marche pas au doigt et à l'œil, sépare-toi d'elle et renvoie-la » !* (25 : 24.).

Non seulement l'apôtre Paul dit-il clairement que l'homme est responsable de la chute (Rom.5 : 24) mais l'Ancien Testament affirme clairement que la seule raison légitime pour le divorce est l'infidélité. Or, Ben Syra poursuit : *« Mieux vaut la méchanceté d'un homme que la bonté d'une femme ; une femme couvre de honte et expose à l'insulte »* (42 : 14.)

Nous voyons donc que l'inégalité entre l'homme est la femme fut flagrante à cette époque. Ainsi, au moment de la naissance de Jésus, le rôle de la femme dans la société juive s'était nettement aggravé, les hommes la considéraient comme franchement inférieure à l'homme ! Encore aujourd'hui, la prière quotidienne du juif le proclame-t-elle haut et fort ; *« Bénis sois-tu, notre Dieu, de ce que tu ne m'as fait ni païen, ni femme, ni ignorant. »* La femme, quant à elle, se contente de dire : *« Loué sois-tu Seigneur, qui ma créée selon ta volonté. »*

Pendant toute cette période, c'est-à-dire d'environ 600 à 200 avant Christ, nous assistons au développement de la philosophie grecque. Pythagore (~582 - ~500) qui exerça une grande influence sur Socrate (~470 - ~399) dit, *« Trois choses sont à craindre par-dessus tout : le feu, l'eau et une femme. »* Platon plaint l'homme qui doit se réincarner dans le corps d'une femme et selon Aristote (384 - 322 avant Christ) en ces termes : *« les femmes sont des hommes imparfaits, toutes sont sans valeur. »* Sénèque, (~4 avant Christ - 65) philosophe romain, quant à lui affirma *« une femme et l'ignorance sont les deux plus grandes catastrophes dans le monde. »*

Souvent, dans l'antiquité, les femmes se tournaient vers la religion pour y trouver un moyen de défoulement et une échappatoire. Les femmes grecques en particulier étaient tenues prisonnières chez elles et coupées de tout contact humain. Elles n'avaient le droit de quitter la maison que pour les festivités religieuses. Il n'est donc pas étonnant qu'elles aient voulu en profiter. Il n'est pas étonnant non plus que les femmes privées de toute éducation formelle se soient senties attirées par des cultes méprisés par les intellectuels. En Israël c'était pareil ! La femme n'avait pas le droit de consulter la Torah - la voie de l'éducation lui était donc fermée. Son témoignage n'était pas recevable devant un tribunal et sa position, au sein de la famille comme dans la société, n'était pas meilleure que celle d'un esclave, voire d'un animal. Elle se trouvait séparée de l'homme dans les synagogues (ce qui est toujours vrai !) et, dans le temple d'Hérode, chose sans précédent, une cour spéciale lui était réservée (appelée aussi la cour des Gentils !) Dans la synagogue, elle était obligée de porter un voile qui lui couvrait tout le visage à l'exception d'un œil ! Sortir sans être voilée constituait une faute grave qui pouvait entraîner le divorce. Même dans la maison, ou dans la cour intérieure de celle-ci, elle portait le voile au point où même ses proches, dans des cas extrêmes, ne voyaient jamais son visage. L'homme ne s'adressait jamais à sa femme en public et même en privée la conversation était limitée à un strict minimum. La seule exception à cette règle était au moment des relations conjugales.

Nous voyons ainsi que certaines attitudes adoptées par les précurseurs et par des contemporains de Jésus et dénoncées par lui et par les auteurs du Nouveau Testament, attitudes que malheureusement nous retrouvons encore aujourd'hui dans bien des cas — sont plutôt le fruit de la philosophie grecque que de l'enseignement biblique !

En réalité, cette vision gréco-romaine de la femme a été combattue par le christianisme basé sur l'enseignement biblique que nous vous proposons d'examiner. Ainsi, dans la chrétienté du Moyen Age, la femme fut valorisée bien plus que dans l'antiquité. Cette période connut certaines reines qui gouvernaient efficacement ; des femmes qui votaient dans les assemblées urbaines, des abbesses qui dirigeaient des couvents mixtes et des femmes qui ouvraient des commerces et exerçaient des métiers typiquement masculins (médecin, apothicaire, percepteur, maître d'école...)

Ce fut la Renaissance, avec sa redécouverte du droit romain et des normes de l'antiquité classique, qui introduit la suprématie des valeurs masculines et le mépris des valeurs féminines et de la femme. Dans « La peur en Occident – XIVème - XVIIIème siècles », Jean Delumeau, spécialiste de la Renaissance au Collège de l'Œil, confirme que c'est le 16ème siècle qui contribua à la condition subalterne de la femme sur le modèle de la Rome antique. Nous avons été abusés, dit-il, « par le terme séduisant de Renaissance. » En réalité, la vision méprisante de la femme est née dans nos pays occidentaux avec l'humanisme que l'on prône comme étant une libération de l'homme (mais pas de la femme) et elle plonge ses racines dans le vieux sol païen dont le Christ va tenter de l'extirper.

4. La femme dans les Évangiles

Nous venons de voir un aspect de l'arrière-plan des évangiles et cela est indispensable dans l'établissement du contexte culturel de la situation féminine en Israël au début de notre ère ! Le statut de la femme commençait à s'améliorer dans la société grecque et romaine, mais ce ne fut pas le cas à Babylone ou en Assyrie. Or, la tradition rabbinique semble avoir accordé une place beaucoup plus proche de celle de ces dernières puissances et de celle des philosophes grecs. Notons, par exemple, Philo, écrivain et penseur juif qui a essayé d'harmoniser l'enseignement de l'Ancien Testament et la philosophie grecque. Il écrit que l'attitude de l'homme dépend de sa raison tandis que celle de la femme dépend de sa sensibilité. Josèphe, historien juif, quant à lui n'hésita pas à enseigner que *« la femme est inférieure à l'homme dans tous les domaines !»* Le rabbin Juda ben Elaï enseignait aux hommes la prière évoquée plus haut. Or, le dernier de ces « privilèges » donnait accès à l'étude de la Torah, or, comme nous l'avons déjà dit, les femmes étaient privées d'éducation religieuse (et d'une éducation quelconque) car, estimait-on, elles étaient incapables de comprendre quoi que ce soit en matière de religion. Dans le Talmud de Jérusalem nous pouvons même lire qu'il serait préférable pour les paroles de la loi d'être brûlées plutôt que d'être présentées è une femme !

Au début du Nouveau Testament donc, la femme israélite, en règle générale, avec quelques exceptions, était isolée en ce qui concernait la vie religieuse et sociale, Il convient alors de voir l'évolution à travers le Nouveau Testament. Ce que nous proposons ici :

- **La présence des femmes dans les évangiles.**

  Leur présence même constitue déjà un avancement ! Les évangiles nous rapportent des événements, des paraboles, des scènes faisant intervenir des femmes dans des situations et des rôles très variés. Dans tous ces cas une femme n'est jamais dénoncée ni accusée comme Matthieu 23 le fait pour les hommes religieux. Les textes des évangiles font cependant un « clin d'œil » au contexte historique en précisant qu'il y avait tant d'hommes « sans compter les femmes et les enfants »

- **L'attitude de Jésus envers les femmes.**

  A première vue, Jésus ne semble pas avoir eu une attitude particulière vis-à-vis des femmes. Mais, ce qui est remarquable et qui n'a pas échappé aux disciples, c'est qu'il n'a pas hésité à leur parler (Jean 4 : 27). Jésus, contrairement aux rabbins, a accepté des femmes disciples - ils les a enseignées et il l'a fait sans même expliquer pourquoi il se le permettait. Il l'a vécu le plus naturellement du monde. Plus tard, il choisit 12 disciples qu'il appelle « apôtres ». Ce sont des hommes certes, mais le cercle de ses « disciple » dépassait de loin le groupe des douze - il en a envoyé 70 en mission (Luc 10). De plus, chose surprenante, voire choquante à cette époque, il y avait des femmes qui faisaient partie de ses proches (Luc 8 : 1-3).

  Résumons donc :

  - Jésus parle aux femmes (Jean 4)
  - Jésus écoute les femmes (Matthieu 15 22)
  - Jésus enseigne aux femmes (Luc 10 : 38-42)

  Aussi bizarre que cela puisse paraître, certaines femmes semblent avoir parfois mieux compris la théologie que les grands docteurs d'Israël – comparez (Jean 3 et 4) et voir aussi (Voir aussi Jean 11 : 1-44). Nous trouvons donc vraisemblablement une des plus grandes surprises qu'un rabbin puisse faire à ses collègues !

5. Les femmes dans l'enseignement de Jésus.

Comme nous l'avons déjà vu, dans la littérature de l'époque, les femmes étaient souvent présentées comme étant des « influences mauvaise », détournant les pensées des hommes de l'essentiel. Dans les évangiles cependant c'est tout le contraire. Jésus se sert d'elle pour illustrer bien des aspects de sa mission.

- **Des exemples de foi**. La foi de la femme malade depuis 12 ans (Marc 5 : 25-34 ou Luc 8 : 43-48) lui donna l'audace de s'approcher de Jésus au moment où il fut harcelé par la foule, peut-être entouré de « gens importants », notamment du chef de la synagogue qui l'aurait considéré comme « impure ». Or, Jésus la guérit et l'appelle « ma fille ». Nous découvrons ensuite une femme étrangère qui vient réclamer les miettes qui tombent de la table (Mat. 15 : 28) En cela elle n'est pas sans rappeler un autre étranger qui avait une foi telle que Jésus n'en avait jamais vu en Israël.

- **Un exemple d'amour**. La femme qui a « beaucoup aimé » (Luc 7 : 36-50) devint un exemple dans la réponse de Jésus à l'indignation de son hôte, le pharisien qui reçut Jésus ce jour-là !
- **Des objets d'une grâce particulière**. Une femme, veuve, qui s'en alla enterrer son fils (Luc 7 : 11-17) devint une des rares mères à qui Dieu rendit son enfant. Sa rencontre « par hasard » avec Jésus constitue un des textes les plus forts pour nous rappeler que Dieu connaît et entend les « sans ressources » de la société. Cette femme de Nain a reconnu que Dieu avait « visité » son peuple, Jésus rappelle dans d'autres circonstances que déjà, au temps d'Elie, Dieu avait manifesté sa grâce d'une manière particulière à une femme qui, de surcroît, était une étrangère (Luc 4 : 24-26).
- **Un exemple de persévérance**. La parabole de la veuve qui importuna le juge (Luc 18) et l'épisode de la femme cananéenne (Mat.15 : 22-28) nous placent devant 2 femmes extrêmement persévérantes.
- **Un exemple de générosité**, du don entier de soi. La pauvre veuve, qui déposa 2 petites pièces dans le tronc (Marc 12 : 38-44 cf Luc 21 : 1-4) est le type même de celle que tout le monde ignore. Mais si elle était invisible des hommes, Dieu la voyait. Elle sut donner, non de son superflu, car elle n'en avait pas, non avec un esprit calculateur : « si je lui donne tant, il va me rendre tant », non, elle donna tout ce qu'elle avait !
- **Des « filles d'Abraham. »** Les juifs étaient particulièrement sensibles du fait d'être considérés comme « enfants d'Abraham ». Or, Jésus appela « fille d'Abraham » une femme infirme qui troubla bien le sabbat et l'ordre voulu par le chef de la synagogue (Luc 13 :16.)
- **Une illustration de l'amour du Père**. Dans Luc 15, à côté du berger qui retrouve sa brebis perdue et du père qui accueille avec joie son fils retrouvé, qui trouvons-nous ? Une femme qui retrouve sa pièce de monnaie perdue. C'est ainsi que nous trouvons le merveilleux triptyque de ce chapitre.

6. Les femmes et le ministère de Jésus

Les femmes ont su se mettre au bénéfice du ministère de Jésus, elles ont été à son service, ont marché avec lui, ont été témoins de sa vie et de sa mort. Non seulement elles étaient les premières à recevoir l'annonce de la naissance (Marie et Élisabeth), elles furent les premières à être des témoins de sa résurrection ! Nous proposons de considérer ces éléments en plus de détail :

- **Les femmes furent impliquées dans la vie de Jésus**. Plusieurs femmes figurent dans la généalogie de Jésus - ce qui était très inhabituel à l'époque ! Il s'agit de Tamar (impliquée dans une histoire d'‘inceste), de Rahab (une prostituée), de Ruth (une Moabitesse - peuple maudit), et de la femme d'Uri (impliquée dans l'adultère et dans le meurtre de son mari) ! Marie, fiancée de Joseph, fut la première à recevoir la « bonne » nouvelle qu'elle se trouvait enceinte du Sauveur, que le « temps » de Dieu était arrivé ! Au Temple, un homme et une femme, louaient Dieu pour la délivrance qu'il accordait à son peuple (Luc 2.) Et pendant les 3 années de son ministère, des femmes suivirent Jésus, en tant que disciples (Luc 8 : 1-3). Elles le servaient et l'écoutaient (Luc 10 : 38-42). Elles se trouvaient donc bénéficiaires, au même titre que les hommes de la grâce de Dieu, venu habiter par nous, en la Personne de son Fils, cherchant ceux qui étaient perdus, y compris des prostituées (Luc 7 : 36-50.)
- **Jésus parla du mariage et du divorce**. Il sut protéger les femmes des abus (des mauvaises interprétations) que les hommes faisaient de Deut. 24 :1, texte destiné à protéger la femme en cas de divorce, destiné également à en limiter le nombre. Dans l'esprit du texte originel, il n'était nullement question de « légaliser » cette pratique mais d'introduire des mesures de protection. Or, au moment où Jésus prononça ces paroles, il répondait aux interprétations des écoles de Shammai et de Hillel (l'une « conservatrice » et l'autre « libérale »). Ni l'une ni l'autre ne savaient où placer la limite de tolérance à partir de laquelle le divorce deviendrait légitime.) Jésus revint donc au texte de Gen. 1 et 2 afin d'exprimer la volonté du Créateur. L'homme doit « s‘attacher » à sa femme (Mat. 5 : 31 - 32 et 19 : 1-12).
- **Les femmes reçoivent et donnent**. La Samaritaine bénéficiaient d'un enseignement important sur la personne de Dieu - Jésus lui affirma qu'il est unique (voir Deut. 6), qu'il est esprit et doit être adoré en esprit et en vérité (Jean 4). Elle semble avoir été la première personne de la Samarie à recevoir « la Bonne Nouvelle » permettant ainsi à d'autres de découvrir que Jésus-Christ est le Messie et que ce Messie est « le Sauveur du Monde. » D'autres femmes virent des preuves éclatantes de la messianité de Jésus. Nous avons déjà parlé d'Élisabeth qui reconnut en Marie, pourtant membre de sa propre famille, « la mère de son Seigneur ». La veuve de Nain, dont nous avons déjà parlé, vit son enfant comme ressuscité d'entre les morts (Luc 7 : 11-17). Or, Luc place ce récit juste avant la question de Jean-Baptiste concernant l'authenticité du ministère de Jésus. Des femmes annoncent de « grandes vérités « au sujet de Jésus : Il est le Messie (Jean 4), il est « le Fils de David » (Mat. 15 : 22), le « grand prophète » qui prouve que Dieu a « visité » son peuple (Luc 7 : 16). Enfin, quelques femmes, premières personnes témoins de sa résurrection (Mat 27-28 ; Marc 15-16 ; Luc 24), s'en allèrent annoncer « aux onze » que le tombeau était vide !

Pierre et Jean s'y sont rendus afin de vérifier leurs paroles. Les femmes avaient raison, il n'était plus là, il était ressuscité !

Que pouvons-nous conclure à la fin de ce premier survol des textes ? Il nous semble évident que, dès le commencement, la femme fut créée pour être le vis-à-vis de l'homme en toutes circonstances. Si cette première intention a été amoindrie à cause de la chute, certaines précautions ont été prises, dans le cadre de la loi mosaïque, afin de la protéger des abus qui allaient découler des conséquences de l'entrée du péché dans le mone. Nous avons constaté une différence entre le peuple d'Israël et des nations païennes. Cela dit, pendant les « années de silence » entre la fin de l'Ancien Testament et le début du Nouveau (environ 4 siècles), la situation s'était bien dégradée en Israël, influencée vraisemblablement par l'attitude des philosophes (qu'ils soient grecs ou romains !) Il n'est donc pas étonnant, comme nous allons voir, que la renaissance, au lieu de libérer la femme, la replonger dans l'obscurité d'un rôle subalterne.

Il nous semble que, d'après les textes du Nouveau Testament. Jésus s'était efforcé à « renverser la vapeur » et corriger les tendances de son époque. Il est clair qu'il rompit avec des traditions des rabbins en tout cas. Il ne fait aucune distinction de race, de rang social, de sexe. Des femmes sont là, buvant « l'eau du rocher », écoutant le Maître et annonçant à d'autres ce qu'elles avaient découvert en sa présence.

Cette « place » qui leur fut accordée, est tout à fait surprenante compte tenu du contexte historique. Elle est clairement due à la Parole faite chair qui était au commencement de toutes choses et qui est venue jusqu'à nous, hommes et femmes.

Chapitre 2

La femme dans les Actes et dans l'église primitive

Il est impossible de traiter le sujet du rôle de la femme dans les Actes, sans tenir compte à la fois du contexte historique dans lequel se situe ce livre charnière et des développement qui en découlent. Nous en trouverons des traces notamment dans les épîtres de Paul mais aussi dans d'autres passages.

Nous nous contenterons de citer le nom de quelques femmes mentionnées dans les Actes et dans certaines épîtres afin de déterminer quel était leur rôle au sein de l'église primitive. Nous partons du principe qu'il ne saurait y avoir de contradictions entre l'enseignement des apôtres et leurs pratiques ! Il faut donc interpréter leurs propos à la lumière de leurs actes.

Avant d'examiner les différents textes qui retiendront notre attention, il convient de souligner que les apôtres avaient bien saisi la portée de l'attitude et de l'enseignement de leur Maître concernant le statut et le rôle de la femme dans la société du premier siècle. Alors qu'elles étaient exclues du temple et séparées des hommes dans les synagogues, elles se trouvaient avec les autres dans la chambre haute et participaient, au même titre que les hommes, à la prière (Actes 1 : 14.) Rien ne laisse supposer qu'elles n'étaient que des spectatrices silencieuses, surtout si nous tenons compte de l'affirmation de Pierre, quelques heures plus tard, lorsqu'il affirma que la prophétie de Joël (Joël 2 : 27/28) venait de trouver son accomplissement dans les manifestations du jour de la Pentecôte (Actes 2 : 16). Selon Bilézikian il s'agit *« de la déclaration de l'inauguration de la nouvelle communauté. »* Si une certaine prudence s'impose à ce sujet, ces versets montrent clairement comment les apôtres ont compris et interprété les textes de l'Ancien Testament, et quelle fut la portée de ceux-ci pour la communauté naissante. Avec l'arrivée de l'église néo-testamentaire, les desseins de Dieu s'accomplirent et il n'est pas exagéré d'affirmer que les paroles de Pierre indiquent une rupture par rapport au passé. Ce texte montre que, dans l'ère nouvelle, non seulement la plénitude de l'Esprit s'était répandue sur tous mais que parallèlement, des qualifications nouvelles, pour un ministère plus large, sans tenir compte des distinctions de sexe, d'âge, de rang ou de classe, furent accordées à tous les croyants ! Désormais les femmes allaient se voir confier un rôle au sein de l'église naissante alors qu'il était quasi inexistant dans le judaïsme.

- **Actes 5 : 1- 11 co-responsable** (au même titre que son mari)

Le premier exemple d'une participation féminine engageant ses responsabilités se trouve dans le récit d'Ananias et de Sapphira. Il est vrai que ce texte ne parle aucunement de ministère, mais il montre à quel point l'épouse fut tenue pour responsable, au même titre que son mari dans cette triste affaire. Or, qui dit responsabilité dit liberté, tout au moins jusqu'à un certain point. Pierre, en l'interrogeant, lui tendit la main, en lui laissant l'occasion de dire la vérité et de se dissocier de l'action de son mari, mais elle tint tête et, répéta le mensonge d'Ananias.

Pierre n'eut aucun doute au sujet du sort qui lui fut réservé, le même que son mari, et il le lui dit sans ambages.

Il est intéressant de noter que nous trouvons dans ce passage la première mention du mot « *εκκλησία* » (ekkiésia) au verset 11, même si, dans le texte « occidental » « un ajout » le fait apparaître dans 2 :47 (voir Segond). La Bible de Genève et la Colombe suivent le texte le mieux attesté (« à eux ») tandis que la Bible en Français Courant parle de « leur groupe. »

- **Actes 9 : 36-43 disciple**

Le passage suivant qui retiendra notre attention retrace l'histoire de Dorcas (ou Tabitha) qui, selon le texte, *« faisait beaucoup de bonnes œuvres et d'aumônes. »* D'emblée ce passage donne l'impression de ne susciter aucune polémique. Il paraît en effet évident que ces versets soulignent, de façon magistrale, le rôle qui convient aux femmes dans les églises, celle de vaquer à de bonnes œuvres discrètement dans l'ombre !

Mais un examen plus approfondi du texte révèle un détail intéressant. Au verset 36 nous trouvons la seule mention du mot « μαφητρια » (« mathetria », « disciple »,) féminin de « μαφητηζ », « mathétés » dans tout le Nouveau Testament ! Voilà quelque chose qui rompt radicalement avec la tradition juive et qui accorde un nouveau statut à la femme ! Les rabbins, en effet, n'avaient que des disciples masculins. Dorcas agissait donc en tant que disciple en suivant son Maître. Son acceptation de Christ comme rédempteur n'était pas pour elle un point d'arrivée mais un point de départ. Sa foi dépassait le stade d'une simple communion avec Dieu ; elle se portait au service des autres : la vraie foi se manifeste par les actes. Par sa couture, Dorcas répondait à un besoin réel. Ainsi, de nombreuses veuves portaient des vêtements confectionnés par elle et le nombre de celles qui témoignaient leur reconnaissance augmentait sans cesse. N'ayant peut-être, depuis sa naissance, d'autre don que dans ce seul domaine, elle aurait pu se résigner en se disant, « Je ne suis pas prophétesse comme Marie, Je ne suis pas destinée à gouverner mon peuple comme le fut Déborah, Je suis donc bonne a rien. » Mais non, elle mit son talent au service de son Dieu. N'avait-il pas demandé à Moïse : « Qu'y a-t-il dans ta main ? » (Ex 4 :2-5) et Moise de répondre, « une verge. » Le Seigneur lui demanda de se servir de cette verge et ainsi d'être son serviteur. S'il avait posé la même question à Dorcas elle aurait répondu, « rien qu'une aiguille et du fil, Seigneur » mais Dieu lui montra comment elle pouvait le servir à l'aide de ces outils.

L'expression *« beaucoup de bonnes œuvres »* signifie entre autres, des « actions pieuses » (cf Rom 2 : 7 ; 13 : 3 ; 2 Cor 9 : 8 ; 1 Tim 5 : 10 ; 6 : 18). Il s'agit donc d'un terme qui, s'il est limité à une action bien précise dans notre texte, inclut dans d'autres passages, les aumônes demandées aux riches.

La combinaison de la vie pieuse de Dorcas, de ses bonnes œuvres, de sa mort et de sa résurrection, constitue un témoignage éloquent de la grâce et de la puissance de Dieu qui, selon son plan, fut à l'origine de la conversion de beaucoup. Sa vie, sa mort et sa résurrection ont contribué à l'avancement de l'évangile. Son ministère - « διακονια » « diakonia » -, aussi employé pour Jésus lui-même (Mat 20 2 28), quoique silencieux, déclencha un mouvement qui se répandit bien au—delà des limites de sa ville et des frontières de son pays. Elle est devenue, d'une manière indirecte, une grande évangéliste.

- **Actes 12 : 13-15 témoin**

Ce passage constitue l'étape suivante de notre parcours à travers les Actes et les églises primitives. Beaucoup se souviennent de Rhode à cause de son action inattendue lorsqu'elle laissa Pierre devant la porte après avoir reconnu sa voix. S'il est vrai que les occupants de la maison, réunis pour prier afin que l'apôtre soit libéré, la traitèrent de folle, il reste néanmoins vrai, que cette femme se trouva en bonne compagnie car le terme employé fut également employé pour qualifier Jésus lorsque celui-ci affirma qu'il avait le pouvoir de donner sa vie et de la reprendre (Jean 10 : 17-20).

Arrêtons-nous quelques instants afin de nous demander comment Rhode put reconnaître la voix de Pierre. Certains interprètes pensent que c'est parce qu'il se rendait souvent dans cette maison. D'autres, comme Matthew Henry, commentateur anglais du début du 18e siècle, imaginent qu'elle l'avait souvent entendu prêcher, cependant toute spéculation à cet égard est extrêmement hasardeuse. Il reste néanmoins intéressant que, lors de l'arrestation et de l'interrogatoire de Jésus, la servante du Grand Prêtre reconnut Pierre à cause de son fort accent galiléen. Rhode, n'aurait-elle pas pu le reconnaître à son accent particulier ? La question mérite d'être posée !

Barnes critique l'insistance de Rhode auprès de ses interlocuteurs, estimant qu'il aurait mieux valu qu'elle retourne tout de suite ouvrir la porte au lieu de chercher à convaincre les occupants de la maison. Mais, il est facile de raisonner ainsi avec le recul du temps. Lorsque notre parole est mise en doute et qu'on se fait traiter d'insensé, n'a-t-on pas envie de se défendre ?

Nous croyons que nous assistons à une scène qui nous renvoient aux comportements et aux préjugés du bas Judaïsme, lesquels refusaient les témoignages féminins alors que, Jésus avait choisi des femmes comme premiers témoins de sa résurrection. Barnes dit encore : « Trop souvent des chrétiens s'engagent dans des controverses stériles au lieu de saisir les prémices de la faveur divine et d'ouvrir leurs bras aux preuves que Dieu a exaucé leurs prières ! »

- **Actes 16 : 14 mécène et membre fondatrice d'église** (la première église européenne se réunissait chez elle !)

Tout comme Dorcas, Lydie fut un membre actif de la société dans laquelle elle vivait mais ses capacités étaient tout autres. Nous trouvons ici un exemple classique de ce que nous pouvons appeler « une chef d'entreprise ». Femme intelligente et perspicace, Lydie travaillait avec compétence et enthousiasme. Ses activités professionnelles devaient lui procurer de nombreuses occasions de nouer des relations et des contacts intéressants. Travailler à son propre compte constituait une rareté, surtout à cette époque de l'histoire. Malgré une carrière exceptionnelle pour une femme et en dépit de ses nombreuses obligations, Lydie ne se laissa pas accaparer par son métier et sut prendre du temps pour s'occuper des valeurs plus importantes.

Manifestement, à l'inverse de bon nombre de ses concitoyens, le culte d'Apollon ne la satisfaisait pas. Elle adorait le seul vrai Dieu et lui consacrait du temps. De ce fait, elle se rendait à la réunion de prière, à l'extérieur de la ville car, selon toute vraisemblance, comme remarque Hurley, il n'y avait pas à Philippes la dizaine de juifs requise pour la constitution d'une synagogue, de sorte que les femmes devaient se réunir en plein air. Ce jour-là des visiteurs inattendus assistèrent à la réunion : Paul, le grand évangéliste et apôtre, Silas, Luc et Timothée ses compagnons, récemment arrivés de Troas.

La semence de la parole de Dieu tomba dans le cœur de Lydie comme dans une terre fraîchement labourée et elle y produisit le fruit de la nouvelle naissance. La foi personnelle en Christ, voilà ce qui lui avait manqué jusque-là. Ainsi Lydie devint-elle chrétienne, disciple de Jésus-Christ ! Avec son tempérament énergique, ce changement devait aussitôt s'exprimer par un témoignage public, aussi fut-elle baptisée affirmant ainsi son identification à son nouveau Maître. Tel un aimant, cette femme, nouvellement convertie attira d'autres personnes parmi ses nombreuses connaissances et membres de sa famille ! Ceux-ci écoutèrent aussi la parole, crurent à leur tour et furent baptisés. La première église d'Europe vit le jour. Voici un exemple d'une femme qui accueillit et devint mécène de l'église en quelque sorte. Howard Marshall suggère qu'il soit peu probable qu'à partir du moment où un homme converti s'attacherait au groupe des femmes qui avaient l'habitude de se réunir auparavant, il devienne automatiquement le responsable de l'église naissante, laissant les femmes dans l'ombre. Même Hurley admet que les femmes, dans les églises primitives, faisaient plus qu'écouter la parole de Dieu - elles la mettaient en pratique. (Nous sommes loin du silence imposé par une certaine lecture de 1 Cor 14 :34-35 !)

Là où Marshall et Hurley ne sont plus d'accord, c'est justement sur le rôle de la femme dans ces églises.

- **Actes 18 : 1-3,26 « catéchète » - enseignante**

Ce passage, ainsi que d'autres, nous fait découvrir un couple remarquable, Aquila et Prisca (Priscille étant un diminutif employé par Luc). Luc et Paul accordent une certaine prééminence à Prisca. Plusieurs pensent que cela est dû au fait qu'elle était d'un rang social plus élevé que celui de son mari, ou alors qu'elle jouait un rôle plus important dans l'église. Il nous est impossible de déterminer si ce fut le cas ou non. Il reste cependant significatif que deux autres passages la mentionnent en premier lorsqu'il s'agit du couple (Rom 16 : 3 et 2 Tim 4 : 19).

Selon le verset 26, ils prirent Apollos chez eux afin de lui expliquer plus clairement la voie de Dieu (La Colombe.) Paul, comme remarque Hurley à juste titre, parle de ce couple dans des termes élogieux lorsqu'il évoque l'église qui se réunissait chez eux à Corinthe (Rom 16 : 3-5 ; 1 Cor 16 :19.) Il est cependant difficile de suivre son argumentation quand il cherche à établir une distinction entre un enseignement formel et informel compte tenu du fait que l'église se réunissait dans leur maison (1 Cor 16 : 9). N'est-il pas clair, selon les textes dont nous disposons que Prisca a joué un rôle dans l'enseignement d'Apollos ? Il est hors de question de supposer qu'elle se contenta de servir le café ou le thé tandis que les hommes s'engageaient dans des discussions théologiques ! Si l'église primitive accordait des occasions de service à des femmes telles Prisca et Junia(s) (nous y reviendrons), avons-nous le droit, aujourd'hui, de restreindre leurs activités au champ de mission outre-mer ou au service des tables chez nous ?

En effet, ces femmes se trouvent nommées parmi les collaborateurs de Paul au même titre qu'Aquila, et Timothée, (1 Thess 3 : 2) que Marc, Aristarque, Démas et Luc (Philémon 24). Tertullien, qui critiquait, l'activité des femmes, affirme : « cette sainte femme Prisca prêchait l'Evangile ».

Malgré ce témoignage, Hurley, qui va jusqu'à admettre que Prisca aurait fait « une ancienne remarquable » enchaîne, « ... ces dons n'étaient pas perdus, il est pourtant certain qu'elle ne fut pas ancienne dans l'église paulinienne ! L'église moderne doit développer et utiliser toutes les ressources de ses membres - mais d'une manière biblique. » Encore faut-il déterminer ce qu'on entend par « biblique » !

Nous avouons ne pas être aussi convaincus que Hurley concernant le statut officiel de Prisca dans l'église qui, rappelons-le-nous, se réunissait sous son toit. Nous pouvons affirmer sans équivoque que Prisca et Aquila participaient, tous les deux, à l'enseignement d'Apollos. Là, au moins, tout le monde est d'accord, Harnack va jusqu'à suggérer que Prisca fût rédactrice de l'épître aux Hébreux. Luther, pour sa part, suggère que cette tâche fut accomplie par Apollos lui-même. Que ce soit l'un ou l'autre - et ce n'est que pure conjecture de toute façon, nous sommes tous redevables à Prisca !

- **Actes 21 : 9 prophétesses**

Ce verset nous informe, sans donner plus de précision, que Philippe avait quatre filles qui prophétisaient. En cela nous pouvons voir l'accomplissement de la prophétie de Joël annoncé par Pierre le jour de la Pentecôte.

Hurley admet que deux passages du Nouveau Testament indiquent clairement que des femmes prophétisaient dans les églises primitives, (compte tenu de plusieurs versets bibliques il est difficile de voir comment il pourrait arriver à une autre conclusion !) Non seulement mentionne-il ce verset mais il parle également d'1 Cor 11 : 5 affirmant que cette dernière référence montre que les 4 filles de Philippe ne furent pas une exception. Cela dit, il refuse toute idée de rôle officiel au sein de l'église néo-testamentaire. S'il admet que Paul reconnaissait le rôle de la femme dans la prière et dans la prophétie au sein de la communauté, il tente d'établir une distinction entre une institution reconnue officiellement et un don charismatique. Selon lui, les femmes devaient se taire lorsqu'un homme était présent.

Marshall ne partage pas l'analyse de Hurley affirmant que s'il est vrai que dans la plupart des cas ce furent des hommes qui remplissaient les ministères d'évangélisation et de prophétie, ces deux passages qui mentionnent le ministère féminin sous ses formes diverses, laissent entendre qu'en plus des actes caritatifs, elles participaient également à l'enseignement et à la prophétie.

Avant d'aborder d'autres textes, résumons ce que nous avons découvert jusqu'ici. Jacques Blandenier le dit bien : « On continue simplement à faire ce qu'on faisait quand Jésus était là. Sans entrée séparée, sans grillage. Dans la communauté du Ressuscité, où tout est nouveau, il n'y a plus de place pour quelque discrimination que ce soit de race, classe ou sexe. »

Cette importance accordée aux femmes a dû choquer l'un des scribes qui a recopié le manuscrit des Actes. En effet, dans Actes 17 : 4, Luc parle d'un *« grand nombre de païens convertis au judaïsme et de plusieurs femmes de la haute société qui se joignirent à Paul et à Silas. »* Le scribe en question modifia ce texte ainsi : *« un grand nombre de Grecs et plusieurs épouses d'hommes de la haute société. »* Ce même scribe modifia également les versets 12 et 34 où il ôte même le nom de Damaris et dans Actes 18 : 26 il intervertit les noms de Prisca et Aquila. Kuen conclut qu'il faut croire que, dès les premiers siècles après l'âge apostolique, la liberté dont jouissait la femme dans l'église primitive a dû paraître suspecte aux yeux de certains qui ont voulu corriger ce « féminisme » pour ne pas choquer les lecteurs de la Bible. Il est probablement vrai qu'une disparité existait entre ce que certains lisaient et ce qu'ils voyaient se pratiquer, mais nous nous demandons s'il nous est permis d'ainsi analyser les pensées du scribe en question. Peut-être n'a-t-il pas voulu choquer ses lecteurs ou peut-être était-il tout simplement misogyne lui-même ! Cette considération mis à part, il n'en reste pas moins vrai que ce scribe s'est permis d'altérer l'Écriture alors qu'il n'en avait pas le droit. Heureusement la comparaison des textes nous permet de « corriger le tir » !

Quelques passages en dehors du livre des Actes qui attirent notre attention sur la vie de l'église primitive et sur le rôle de la femme au sein de celle-ci, retiendront également notre attention. En effet, si l'enseignement de l'apôtre Paul au sujet du ministère féminin est parfois contesté et sujet à des interprétations diverses, son attitude à l'égard de la femme, ressemble à celle de Jésus et demeure sans ambiguïté aucune !

- **Rom 16 : 1-2 diacre/protectrice**

Dans ces versets Paul n'hésite pas à donner le titre « διακονοζ » — (« diakonos », « ministre » ou « diacre » à Phoebé. Il faut noter que la forme féminine de ce nom n'existait pas à l'époque ! Les avis sont partagés concernant la signification de ce terme. A. H. Strong accorde à chaque église la liberté de l'interpréter comme elle l'entend et d'agir en conséquence. Hodge, pour sa part, maintient qu'un titre « officiel » avait été accordé afin de permettre aux femmes d'aider les pauvres de leur propre sexe. Compte tenu de son utilisation au masculin, nous trouvons que c'est trop limitatif ! S. Olyott, quant à lui, est beaucoup plus catégorique : « Ce terme ne peut signifier que Phoebé soit diacre car ce ministère, comme celui d'ancien, était réservé aux hommes ! » - Nous trouvons cette affirmation trop hâtive comme nous chercherons à démontrer. Barclay adopte un point de vue similaire, Face à de telles analyses nous sommes en droit de nous demander pourquoi Paul jugea bon d'employer ce terme précis et non un autre.

Paul utilisa ce même terme pour décrire son propre ministère (1 Cor 3 : 5), celui des conducteurs spirituels (1 Tim 3 :12,13), des autorités civiques et politiques (Rom 13 :4) et de Jésus lui-même (Rom 15 : 8). Ces passages élargissent effectivement la signification du terme « διακονοζ » (« diakonos ») et confirment apparemment la thèse de ceux qui affirment que dans le cas de Phoebé ce terme ne peut désigner un titre officiel.

Mais nous ne pouvons pas en rester là. Il faut aussi noter la juxtaposition de « διακονοζ » et le titre « προστατιζ » (« prostatis » - « protecteur »), au verset 2, titre officiel si jamais il en était (malgré les protestations de Hurley) ! Dérivé du verbe « προιστημι » (« proistēmi ») qui, dans tous ses emplois sauf un dans le Nouveau Testament signifie « présider » (par ex. « Que celui qui préside le fasse avec zèle » (12 : 8). Selon le lexique de Liddell-Scott, prostatis *« fait partir d'un groupe de mots ayant une forte connotation de direction et d'autorité. »* Dans un papyrus datant de 142 avant Christ, une femme est appelée *prostatis* de son fils (sans père), c'est-à-dire qu'elle en avait la responsabilité. Ce terme désigne également « au sens légal quelqu'un qui représentait les étrangers privés de garanties juridiques. Sans doute, s'agissant d'une femme, ce sens est-il exclu : Phoebé, peut-être une personne de haut rang, avait eu l'occasion d'intervenir en faveur des chrétiens et d'être en diverses occasions leur protectrice. » (TOB note `r'). Vine remarque qu'il s'agit d'un mot qui indique une certaine dignité, manifestement choisi à la place d'autres termes que Paul aurait pu employer. Son utilisation montre donc à quel point l'apôtre estimait sa collaboratrice. Il exhorte l'église à la respecter, à accepter son jugement et à être prête à lui rendre service. En écrivant ainsi il nous donne un aperçu des capacités de cette femme remarquable.

En plus de cette référence à Phoebé en tant que « διακονοζ » « diakonos » Paul fait également allusion aux diacres féminins dans 1 Tim 3 : 11. Certaines versions, comme la BFC suggèrent que le terme employé « Υυναικαζ » (« gunaïkas » - « femmes ») signifie des femmes de diacres mais cette interprétation est peu satisfaisante pour plusieurs raisons :

1) Pourquoi trouverions-nous une allusion aux femmes au milieu d'un paragraphe qui considère les qualifications des diacres et rien dans celui qui examine celle des anciens ? Dans les deux cas il est demandé aux anciens comme aux diacres de bien diriger leurs maisons mais il n'est pas demandé aux anciens de surveiller le comportement de leurs épouses.

2) « Pareillement » (« ωσατοζ »), qui introduit le sujet des femmes au v.11 est mis en parallèle avec le même mot au v. 8 qui introduit le sujet des diacres. Ce parallélisme indique que nous avons à faire à deux catégories distinctes.

3) « Il faut donc » (« δει ») au v.2 introduit les qualifications des anciens, des diacres (v. 8) et des femmes (v. 11). Puisque les trois paragraphes dépendent du même verbe il est impossible d'éviter la conclusion que l'apôtre parle de trois catégories de personnes au sein de l'église.

Tous ces indices suggèrent qu'il existait des groupes de femmes qui travaillaient à côté des hommes dans les églises. Quelquefois elles portaient le titre « διακονοζ », « diakonos », parfois, non. L'absence d'une forme féminine du terme diacre explique vraisemblablement l'utilisation du mot. « Υυναικα » dans 1 Tim 3 :11. S'il est vrai que « διακονοζ » n'existait qu'au masculin à l'époque où Paul écrivit ses épîtres, la forme féminine existait avant l'an 112, l'année où Pline y fit allusion dans un rapport envoyé à Rome.

Il est impossible aujourd'hui de déterminer à quel point l'œuvre d'une diaconesse était différente par rapport à celle accomplie par son collègue masculin. Le « διακονια » (« diakonia ») naquit pour des raisons essentiellement pragmatiques (Actes 6) et, pour notre part, nous suggérerions avec Strong que l'église de chaque époque eût la liberté d'adapter ses fonctions et ses ministères selon ses propres besoins.

Les versets suivants de Romains 16 (vv.3-4) font de nouveau allusion à Prisca et Aquila, les collaborateurs de Paul en Jésus-Christ, Paul emploie ce même terme pour Évodie, Syntyche et Clément à Philippes (Phi. 4 :3). Marshall affirme que l'utilisation du terme « collaborateur » est d'une importance cruciale. Sans doute signifie-t-il que Prisca et Aquila furent tous deux des collègues de Paul à part entière. La manière dont il met Prisca en premier - comme Luc - confirme le fait qu'elle était une partenaire active et rien n'indique qu'elle travaillait exclusivement parmi les femmes.

Paul parle aussi de Marie, de Tryphène, Tryphose et de Perside en employant, le terme « travail » ou « peine ». Or, le travail dont il est question fut l'œuvre missionnaire, Paul utilisant le même terme pour les homme comme pour les femmes (16 : 6,12 cf. 1 Cor 15 : 10, 58 ; 2 Cor 10 : 15).

David Pawson conclut que « tout le chapitre 16 de Romains est vraiment une révélation pour ceux qui voient Paul comme un misogyne. Un tiers des personnes dont Paul fait des éloges sont des femmes, qui se sont acquittées plus qu'honorablement de l'œuvre du Seigneur. Elles portent le titre de ‘compagnons d’œuvre’, collègues de Paul (Phil 4 : 2), ce qui veut dire quelles ont pris part à sa mission d’évangélisation et d’implantation d’église ».

- **Rom 16 1 7 apôtre**

L'apôtre Paul salue Andronicus et Junia(s), des « apôtres éminents » (TOB), « jouissant d'une grande considération parmi les apôtres » (Segond), « très estimés parmi les apôtres » (La Colombe). S'il est vrai que, sur le plan strictement grammatical, le texte « επισηοι έν τοιζ αποστολοιζ » (« episemoi en tois apostoloïs ») peut signifier soit « très estimés des apôtres », lecture préférée de Hodge, soit « très estimés en tant qu'apôtres », lecture adoptée par Sanday et Headlam. Bruce, Moule et d'autres commentateurs choisissent la seconde lecture comme étant plus naturelle. Paul agirait contre nature, remarque Hurley, s'il faisait un sujet de louange le simple fait de connaître les apôtres. Il est donc plus plausible d'adopter la deuxième hypothèse et de les considérer comme très estimés en tant qu'apôtres. Dans ce cas, il est évident qu'il faut prendre le terme « apôtre » dans un sens plus large que les 12 fondateurs de l'église, tout comme nous le faisons pour Barnabas (Actes 14 : 4 et 14), pour les représentants des églises (2 Cor 8 : 23), pour Épaphrodite (Phi 2 : 25) et pour Paul, Silas et Timothée (1 Thess 2 : 6).

Hurley, tout comme d'autres, affirme que la forme grammaticale du nom ne permet pas de déterminer si Junia(s) était un homme ou une femme. Bruce remarque : *« il est impossible de savoir si le deuxième nom était du genre féminin (Junia) ou masculin (Junias). »* Certains pensent qu'il s‘agit d'une abréviation de Junianius ou de Junanicus. Les Pères de l'Eglise étaient déjà d'un avis partagé - certains, comme Chrysostome, prétendaient que c'était une femme tandis que d‘autres pensaient que Paul parlait d'un homme. Et nous ne savons rien de ces personnes en dehors du fait qu'elles sont mentionnées par Paul. Il s'agissait de chrétiens d’origine juive (ce qu‘indique l'expression « mes parents » employée par Paul), qui furent emprisonnés avec lui, (2 Cor 11 : 23), sans que nous puissions localiser l'endroit précis de leur incarcération !

Sommes-nous obligés d'en rester là ? Peut-être pas. Dans un commentaire récent sur l'épître de Paul aux Romains, Cranfield, commentant le contenu du commentaire qui précédait le sien, qui affirmait, « Junias était un prénom masculin peu commun », observe : « ce prénom était tellement rare que le seul endroit où nous le trouvons est dans Romains 16 et seulement là, si l’on a décidé d’avance qu’il s’agit d’un homme. » Junia, en revanche, était un prénom bien répandu à Rome et dans ce cas, nous avons probablement ici une allusion à un couple, mari et femme. La consultation d'un programme informatique regroupant 2889 auteurs grecs et 8203 ouvrages depuis Homère (9ème siècle avant J.C. jusqu'au 5ème siècle de notre ère) sur toutes les formes de Inouïs, a donné le résultat suivant : en dehors de Rom 16 : 7, on ne trouve que trois autres exemples de Junias. Cette étude nous apprend que Junia était bien un nom féminin à l'époque du Nouveau Testament. Nous pouvons donc admettre le témoignage de Chrysostome,

« quelle fut grande cette femme pour qu'elle soit comptée parmi les apôtres » Ou encore, *« Être apôtre est une grande tâche...mais ces deux étaient très estimés à cause de leurs œuvres. O combien grand fut le dévouement de cette femme qu'elle soit comptée digne d'être appelée même apôtre. »*

Nous pouvons ajouter que le texte grec du Nouveau Testament ne comportait pas d'accents pendant 10 siècles mais depuis cette date les textes comportaient un accent aigu indiquant que tout le monde pensait qu'il s'agissait d'un prénom féminin. Ce n'est que depuis 1950 (*sic*) que la Société Biblique a publié un texte avec un accent circonflexe, indiquant qu'il s'agit vraisemblablement d'un prénom masculin ! Une chose est certaine, ceux dont la langue maternelle était le grec pensaient que Junia(s) était une femme et donc, une femme apôtre ! Non pas comme les douze certes, mais dans le sens élargi que permettent les textes du Nouveau Testament - tout comme Barnabas (Actes 14 :14 ; 1 Cor 9 : 5-6), Silas et Timothée (1 Thess 2 : 6) et Jacques, le frère de Jésus (Gal 1 : 19). Ils étaient envoyés par l'Eglise afin de répandre l'Evangile. Ce passage nous parle donc de deux missionnaires éminents dont l'une était une femme, comme nous avons des femmes missionnaires aujourd'hui.

- **1 Tim 5 : 1-2 ancien et ancienne**

Un dernier passage doit retenir notre attention. Si, comme nous l'avons vu, la femme jouait un rôle actif dans l'église primitive, tant au niveau de la « diakonia » qu'au niveau des prophéties, de la formation d'Apollos ou même de l'apostolat, c'est-à-dire, messager des églises, qu'en était-il de l'enseignement au sein de l'église locale ? Dans le passage sous nos yeux Paul donne des instructions à Timothée au sujet de son attitude vis-à-vis des « πρεσβυτερω » (« presbytero » - « anciens »), puis, au v. 2, des « presbyterαζ » (« presbuteras » - « anciennes »). Selon Hendriksen, « d'autres versets des épîtres pastorales indiquent que le terme « πρεσβυτεροζ » (« presbuteros ») signifie « ancien » ou « presbyte », mais ici Paul l'emploie dans le sens de vieillard comme indique clairement le contexte ». Il a sans doute raison mais il est tout de même intéressant de noter le parallèle entre « presbytero » et « presbytera ». Si le premier peut signifier à la fois « ancien » et « vieillard », n'est-il pas légitime de supposer que le deuxième peut aussi souffrir deux significations ? Certains diront qu'il s'agit d'un argument basé sur une supposition et donc sans fondement. Il faut souligner cependant que ce ne fut qu'en 363 de notre ère que le Concile de Laodicée abolit la fonction de « presbytera » au sein de l'église ! Cela signifie qu'avant cette date la femme avait effectivement le rôle de responsable d'une église locale. Cette hypothèse est d'ailleurs confirmée par la découverte, dans les catacombes de Rome, des illustrations qui montrent une femme en train de faire le geste d'évêque, ses mains sont exagérément grandes. Dans celles appelées « les catacombes de Priscille » une femme se tient à la table eucharistique servant le pain et la coupe alors que les yeux des hommes sont fixés sur elle. Ailleurs se trouve l'illustration d'une femme sous la forme du Bon Berger et un bas-relief montrant une femme qui enseigne et qui bénit l'assistance.

Plusieurs catacombes portent, d'ailleurs, des inscriptions avec les noms de femmes. Nous pouvons également mentionner, même si elle ne date pas des premiers siècles, une inscription qui se trouve dans une mosaïque à Rome, datant d'environ 800 après Christ, où nous pouvons lire « Episcopa Théodore » (Évêque Théodore) l

Depuis les premiers jours donc, et tout au long des siècles, des femmes ont joué un rôle important au niveau du ministère. Au 12e siècle, les Vaudois choquèrent beaucoup en employant des prédicateurs féminins (prédicatrices). Luther écrivit à une aile radicale du mouvement hussite en affirmant que le sacerdoce royal de 1 Pierre 2 :9 devait s'appliquer à chaque membre de la congrégation homme, femme et enfant. Plusieurs anabaptistes du 16ème siècle moururent en martyr avec leurs épouses car elles, comme leurs maris, s'étaient engagées dans l'enseignement. Nous pouvons citer en exemple les cas de Hubmaier et de Sattler. A leur tour, les Moraves du 18e siècle avaient les femmes « presbytera », même si elles ne prêchaient pas. Elles étaient alors responsables des groupes de femmes. Quelqu'un a dit que Wesley fut *« le féministe le plus ardent du 18ème siècle. »*. Puis le 19ème siècle connut l'envoi en masse des femmes missionnaires (« αποστλοι ») - « apôtres » tandis qu'en Angleterre, William Booth fondateur de l'armée du Salut, déclara, « mes meilleurs hommes sont les femmes. ». Quelqu'un a également mentionné l'exemple de Catherine Selle, théologienne qui joua un rôle pastoral à Strasbourg, prêchant le sermon lors de l'enterrement d'anabaptistes qu'elle avait abrités chez elle, alors que personne d'autre n'acceptait cette tâche.

Quelle position devrions-nous donc adopter aujourd'hui ? Nous avouons que les conclusions auxquelles nous sommes arrivés heurtent nos sensibilités masculines et vont à l'encontre de toute l'éducation que nous avons reçue jusqu'ici. Nous sommes convaincus cependant qu'il ne faut pas craindre de se remettre en question devant la Parole de Dieu si celle-ci nous interpelle, après une étude minutieuse des textes. Il ne faut, en aucun cas, se retrancher derrière une tradition quelconque. Cela dit, nous croyons qu'il faut agir avec prudence.

Tout le monde dans nos assemblées n'a pas eu les mêmes possibilités que nous de se pencher sur le texte, d'examiner les implications de l'ensemble de l'enseignement biblique et d'en tirer les conclusions qui semblent s'imposer. Nous ne sommes pas prêts à laisser cette question envenimer nos relations avec d'autres frères et sœurs dans la foi qui ne partageraient pas nécessairement nos convictions !

Au sein de l'église ou des églises que le Seigneur nous a confiées, nous devons avancer pas à pas. Trop lentement sans doute au gré de certaines personnes, trop vite au gré d'autres ! Oui, les femmes prient, elles lisent des passages bibliques et, parfois, apportent une réflexion personnelle. Nous ne désirons pas diviser l'église mais faire en sorte qu'ensemble nous parvenions tous à une pleine maturité en Christ. Par suite de ce que nous avons dit jusqu'ici au sujet de la création de l'homme mâle et femelle, nous sommes tout à fait convaincus que Dieu les créa différents mais unis, égaux et complémentaires. Cette création fut bonne aux yeux de

Dieu avant que le péché ne détruise cette harmonie avec les conséquences que nous savons, Or, aujourd'hui, par l'action du Saint-Esprit, nous sommes entrés dans le royaume de Dieu, royaume où Jésus-Christ est Roi, royaume qu'il est venu établir, royaume où il n'y a ni juif, ni grec, ni esclave ni libre, ni homme ni femme car nous sommes tous uns un Christ Jésus (Gal.3 :28). Nous vivons certes cette tension entre notre expérience charnelle actuelle et celle qui sera la nôtre lorsque nous entrerons dans la présence même de notre Maître, mais ne devrions-nous pas chercher à éliminer de ce royaume, dès maintenant, toute discrimination sexuelle, raciale et j'en passe, comme il semble que ce fut le cas dans le Nouveau Testament et dans les églises primitives, et accorder aux personnes compétentes, un ministère qui correspond aux dons reçus d'en haut ?

Certains de nos frères et sœurs nous diront que certains textes bibliques interdisent une telle démarche, excluant tout enseignement féminin, voire toute participation féminine au sein de l'église. Nous essayerons, par la suite, d'aborder ces passages en les plaçant, comme l'herméneutique exige, dans leur contexte biblique, géographique et historique.

Chapitre 3
La femme à Corinthe (A) : « Et la tête ? » 1 Corinthiens 11 : 2-16

Le rôle de la femme dans l'église est devenu, dans toutes les dénominations chrétiennes, une nouvelle pomme de discorde, Dans certaines églises évangéliques, le mutisme le plus strict leur est imposé, tandis que dans d'autres, elles jouissent d'une plus grande liberté, voire d'une liberté totale. Pour les premières, il s'agit d'une question de fidélité à Dieu et à sa Parole tandis que pour les secondes, tout en affirmant la même fidélité biblique, elles désirent faire valoir les dons accordés aux hommes et aux femmes sans discrimination.

Nous avons déjà vu, à travers notre survol de la Bible, que des femmes, choisies par Dieu, ont joué un rôle important au sein de son peuple au cours de l'histoire de l'Ancien comme du Nouveau Testament. Avant d'aborder les textes des épîtres qui, apparemment, interdisent tout ministère d'enseignement féminin dans l'église, il convient de signaler l'influence que l'histoire a joué sur notre interprétation des textes de l'apôtre Paul. Deux exemples suffiront : Thomas d'Aquin affirma *« la femme est un homme manqué »* tandis que Calvin déclara, *« les femmes sont nées pour obéir ».*

Or, l'évolution de notre société contemporaine a forcé l'église à repenser le rôle de la femme au sein de l'église. Dans la vie professionnelle, sociale ou politique, les hommes occidentaux, pour la plupart, chrétiens ou non, acceptent l'égalité des sexes. L'éducation supérieure est ouverte aux femmes, certaines font de la recherche fondamentale, plusieurs sont parties dans l'espace, d'autres se sont distinguées dans le domaine de l'écriture comme dans celui de l'enseignement à tous les niveaux, y compris dans des Facultés de Théologie ! Mais, lorsqu'il s'agit d'un rôle au sein de l'église locale, beaucoup de pasteurs ne veulent pas l'admettre ! Si, comme nous l'avons constaté, la femme joua un rôle certain en Israël sous l'Ancienne Alliance et si, comme nous l'avons aussi vu, Jésus leur ouvrit de nouveau la voie à l'éducation et leur accorda un nouveau statut sous la Nouvelle Alliance et si, en examinant les textes des Actes et des Épîtres, nous constatons qu'elles jouaient un rôle important dans différents domaines des églises du Nouveau Testament, comment se fait-il qu'aujourd'hui, toute participation active leur soit interdite ?

Affirmons d'une manière claire, nette et sans ambiguïté que ce n'est ni l'évolution du monde contemporain, ni l'expérience, ni des sentiments de crainte ou de culpabilité qui constituent, pour nous, un mobile valable pour modifier la manière d'agir dans l'église. Notre attitude et nos pratiques doivent être fondées sur la Parole de Dieu et sur elle seule. Cela dit, comme nous l'avons déjà constaté, des difficultés d'interprétation existent ! Comment, en effet, concilier ce que nous avons vu dans l'Ancien Testament, dans les Évangiles, dans les Actes et dans les Épîtres avec l'enseignement, apparemment clair, de l'apôtre Paul ?

L'exégèse scrupuleuse est une chose, la mise en pratique en est une autre et l'attitude avec laquelle nous nous approchons du texte biblique est capitale. Que cela nous plaise ou non, à travers des siècles le Seigneur a jugé bon de laisser à ses enfants la liberté d'avoir des interprétations différentes sans que cela nuise à la communion fraternelle. Nous sommes bien conscients, donc, que l'analyse des quatre textes de Paul que nous proposons de faire ne fera pas l'unanimité, loin de là, mais ces textes sont là ! Il faut bien les lire, les analyser, les comparer et les interpréter. Compte tenu des passages et des exemples déjà examinés, penchons-nous maintenant sur les textes tant cités de l'apôtre Paul. Tout le monde trébuche, apparemment sur un seul mot — *« κεφαλέ » (« kephalè » - tête, personne, vie, départ, conclusion ou source.*) Même les spécialistes évangéliques n'arrivent pas à se mettre d'accord. Deux courants de pensée semblent bien s'affronter. D'une part, un groupe d'exégètes insiste sur la notion d'« autorité », tandis que l'autre parle plutôt de « source. » Nous faisons allusion plus particulièrement à Gilbert Bilézikian dont l'ouvrage a été traduit en français, « L'homme et la femme - vers une nouvelle relation » publié par les Éditions Grâce et Vérité en 1992, et à Wayne Grudem, « Recovering Biblical Manhood et Womanhood », édité par John Piper et Wayne Grudem, Crossway Books en 1991. Bilézikian a été suivi par Matthias Radloff dans sa thèse de doctorat à la Faculté de Théologie Protestante de Strasbourg, tandis qu'Alfred Kuen, « La Femme dans l'Eglise », Editions Emmaüs, 1806 Saint—Légier, Suisse, semble suivre la thèse de Grudem. Il est donc extrêmement difficile d'arriver à une réponse définitive à la question.

Ce serait trop fastidieux d'entrer dans tous les détails techniques des travaux entrepris par ces spécialistes éminents mais nous avons essayé de résumer leurs thèses. Nous avons également trouvé des articles intéressants dans les revue ICHTHUS N° 85 (1979) et Fac Réflexion N° 7 (1988).

La question que nous nous posons est la suivante : comment faut-il interpréter les passages bibliques où, apparemment, toute participation au ministère de la parole de Dieu est interdite aux femmes ? Comme nous venons de voir dans l'introduction, la réponse n'est pas simple !

1 Corinthiens 11 : 2-16

De nombreuses personnes reconnaissent que les problèmes exégétiques de ce passage sont d'une complexité extraordinaire : les difficultés se rapportent au vocabulaire, à la syntaxe, aux circonstances spécifiques de l'église de Corinthe et à l'arrière-plan social général à l'époque où cette épître fut écrite.

Kuen divise ce passage en 3 unités principales : les vv. 2-6 ; 7-12 ; puis 13-15 avec le v. 16 comme conclusion. Il suggère que dans la 1ère et dans la 3ème partie, Paul fait appel à un certain nombre d'arguments d'ordre culturel en évoquant la honte associée à une tête « non couverte » (w. 4-6) et l'enseignement de la « nature » (vv. 13-15). Dans la partie centrale, en revanche, il se réfère à des facteurs « théologiques » découlant de la création de l'homme et de la femme (vv. 7-12).

Le verset 2. Paul commence par féliciter les Corinthiens et immédiatement une première question se pose : quelle est la relation entre ce verset et ceux qui le suivent ? Peut-être ces Corinthiens respectaient-ils « la tradition des apôtres » dans son ensemble sur le plan doctrinal (« la foi transmise aux saints »), mais dans la pratique, il y restait beaucoup de choses à corriger. Peut-être lui avaient-ils écrit. Il semble que les Corinthiens aient bien compris le principe de la liberté, mais que dans la pratique ils soient allés au-delà de la pensée de Paul. S'il ne les loue pas pour la manière dont ils célèbrent la Cène, il approuve les prières et les prophéties des femmes. Il faut souligner ici que chaque fois que l'apôtre a l'occasion de le faire, il commence par un compliment, surtout avant d'aborder des points délicats (voir 1 : 4-9 ; Rom 1 : 8 ; 1 Thess. 1 : 2-3 ; 2 Thess. 1 : 3-4). Notons que le Seigneur lui-même fait la même chose dans ses lettres adressées aux églises dans l'Apocalypse 2 et 3 !

Le verset 3. Paul enchaîne avec « Θελω δε » « Thélo dè » (« Je désire cependant/toutefois » pourtant,) indiquant qu'il avait bien quelque chose à leur dire. Selon Kuen, il pose d'emblée le principe de la structure hiérarchique de l'univers : Dieu - Christ - l'homme - la femme, mais dans le désordre. « Peut-être parce que l'esprit hébraïque place ce qu'il veut souligner au milieu ou pour ne pas mettre la femme en fin de liste ! » Puis, sur la base précaire de ce « peut-être », il affirme : *« comme d'habitude, Paul motive le comportement qu'il demande aux chrétiens par un principe théologique : ici celui de l'ordre dans le cosmos qui a pour corollaire la subordination de l'un à l'autre. »* Nous avouons notre surprise car Kuen ne manifeste pas ici la rigueur d'exégèse habituelle chez lui. D'une part il affirme l'existence d'une structure hiérarchique, mais de l'autre il reconnaît que cette structure n'est pas respectée sans donner d'explications convaincantes !

Radloff pose bien la question : « s'il y a une chaîne de commande, pourquoi Paul a-t-il présenté les 3 paires dans le désordre » ? Il fait remarquer qu'au chapitre 12 : 28 l'apôtre établit bien un ordre en précisant, « premièrement, deuxièmement, troisièmement » Il arrive donc à la conclusion que ce désordre ne pose de problèmes qu'à ceux qui y voient une structure hiérarchique. Si, en revanche, comme lui, nous acceptons que « kephalè » signifie « source ou origine », alors cette liste de 3 paires se présente dans un ordre chronologique.

Personne nous semble-t-il n'a résolu la question des relations entre les 3 personnes de la Trinité de manière satisfaisante. Nous ne pouvons accepter les conclusions de Grudem qui parlent « d'autorité » car cela voudrait dire que le Fils a été soumis au Père de toute éternité ! Or, nous avons déjà affirmé que nous ne constatons aucune hiérarchie « d'essence » entre les 3 membres de la Trinité, seulement une différence de rôle dans l'économie des choses sans notion de hiérarchie. En même temps, la notion de « source » laisse aussi à désirer. Dans quel sens peut-on affirmer que le mari est « la source » de sa femme ? Radloff, suggérant que Christ soit la source de la vie de l'église, affirme que le mari est la source de la vie et de l'épanouissement de la femme, mais cet argument nous paraît peu convaincant l

L'argument classique semble accorder plus de poids à l'idée d'une hiérarchie surtout lorsqu'on compare ce passage de 1 Corinthiens avec celui que nous trouvons dans la lettre aux Ephésiens. Là, effectivement, l'idée d'une hiérarchie semble prévaloir. Mais nous ne pensons pas que les interprètes tiennent suffisamment compte du contexte historique des 2 églises car les circonstances n'étaient pas du tout semblables. Nous aurions donc tort d'ignorer ces différences dans notre interprétation des textes. Nous y reviendrons !

John Stott affirme que « kephalè » implique une certaine forme d'autorité et fait appel à Eph. 1 : 22 *« Dieu a tout mis sous les pieds (de Christ) et l'a donné comme tête suprême à l'Eglise ».* Mais il rappelle que le Nouveau Testament n'emploie jamais le terme « autorité » pour désigner le rôle de l'homme, ni celui d' « obéissance » pour indiquer celui de la femme. Pour lui, la notion qui rend le mieux le concept paulinien de « tête » semble être celle de « responsabilité ». Il fonde son interprétation non sur le sens du mot lui-même mais sur les deux modèles employés par Paul pour illustrer l'attitude de la « tête » céleste envers son corps, l'Eglise. Le chef, (la tête) s'est donné(e) pour elle. Le second modèle concerne notre propre souci de notre bien-être physique ; nous prenons soin de notre corps. Il conclut que la fonction de tête du mari est plus un rôle de soutien que de contrôle, de responsabilité que d'autorité. Étant la « tête » de son épouse, il se livre lui-même pour elle comme Christ l'a fait pour son corps, l'Eglise. Il prend soin d'elle comme il le fait pour son propre corps. Son désir n'est pas de l'opprimer, mais de la libérer. Comme le Christ s'est donné pour son épouse afin de la faire paraître devant lui sainte et sans défaut, le mari se livre lui-même pour sa femme afin de susciter les conditions nécessaires à l'épanouissement de sa féminité.

Stott se demande ensuite en quoi cette « féminité » consiste. Il estime que 1 Pierre 3 : 7 est important à cet égard car l'apôtre invite les maris à vivre, chacun avec sa femme en reconnaissant que celles-ci sont des êtres plus faibles. *« ...honorez-les, comme devant aussi hériter avec vous de la grâce de la vie. »* Or, influencés comme nous le sommes par la philosophie nietzschéenne de la recherche masculine de puissance, cette « faiblesse » féminine n'est guère considérée comme une qualité. Notre tendance serait plutôt de la mépriser au lieu de l'honorer comme Pierre nous y invite. Cette idée de « faiblesse » recouvre probablement certains traits féminins, tels que la bonté, la tendresse, la patience et le dévouement. Ce sont des qualités fragiles qu'il est facile d'atténuer ou de détruire par un climat de tension et une ambiance d'inimitié. Est-il déshonorant pour une femme de considérer la fonction de « tête » de son mari comme moyen voulu par Dieu pour protéger sa féminité et pour lui permettre de s'épanouir ? Stott souligne que même des ardentes féministes comme Janet Radcliffe Richards et Margaret Mead s'accordent pour admettre que les hommes sont plus grands et plus forts que les femmes.

Le verset 4. Tout d'abord, il convient de souligner que Paul adresse ses injonctions autant à l'homme qu'à la femme et cela, même s'il commence par l'homme ! S'ils ont *« quelque chose « pendant » de la tête*, ils « déshonorent » ou « outragent » leur chef. Mais de quelle *« chose »* s'agit-il ? La TOB ainsi que Segond et la Bible du Semeur traduisent « la tête couverte. » Mais alors, que signifie cette expression ? S'agit-il d'un voile, comme le suggèrent certains interprètes ou s'agit-il d'un style de coiffure ? Comme Paul affirme « c'est une honte pour l'homme de porter des cheveux longs » (v. 14) ne pourrait-il pas s'agir du même problème ici ?

Nous nous trouvons, encore une fois, confrontés par des thèses contradictoires selon « l'interprète » que nous consultons ! Radloff indique 10 difficultés auxquelles se heurte les personnes qui y voit une allusion au voile. D'autres, se référant aux coutumes vestimentaires de l'époque, prétendent qu'il s'agit effectivement d'un voile. Des études récentes ont mis en évidence que dans la société romaine, certains hommes recouvraient leur tête de leur toge lorsqu'ils officiaient à des cérémonies sociales ou religieuses, afin de montrer qu'ils faisaient partie de l'élite.

Ce dont nous sommes sûrs, c'est que l'histoire ne nous fournit pas une certitude absolue à ce sujet. Finalement, comme le dit très justement Kuen, *« que l'apôtre se réfère à un voile ou à un style de coiffure, le centre de gravité du passage semble être la distinction des sexes qui doit apparaître visiblement lors des rassemblements chrétiens...Qu'il s'agisse de style de coiffure ou de voile, le symbolisme est le même : l'homme doit se présenter devant Dieu en homme, la femme en femme. Il fallait éviter toute équivoque et toute confusion avec les pratiques païennes douteuses. »* Dans certaines cérémonies religieuses, notamment dans le culte d'Aphrodite dont le temple dominait l'acropole corinthienne, les femmes se rasaient la tête et les hommes portaient des voiles ou laissaient flotter leurs cheveux longs maintenus par des bijoux dorés. Or, à cette époque, une femme rasée d'une part, et des longues tresses portées par un homme d'autre part, étaient considérées comme des signes d'inversion sexuelle. Cette inversion jouait un rôle important dans ce culte.

Le verset 5. Il semblerait donc qu'a Corinthe, certaines femmes aient renoncé au symbole de leur féminité. Kuen suggère deux raisons possibles à ceci : ou bien elles avaient mal compris l'enseignement de Paul sur l'égalité de l'homme et de la femme en Christ (Gal. 3 : 28), ou bien elles pensaient, que pour pouvoir prier ou prophétiser, il fallait se présenter devant Dieu comme un homme. Encore une fois, il faut être prudent car n'avons pas assez d'éléments pour tirer de telles conclusions !

L'ensemble de l'argumentation de Paul conduit à penser qu'il cherchait à régler un problème de comportement lié, non seulement à l'égalité des sexes, mais aussi à celui de l'acceptation de la spécificité sexuelle de l'homme et de la femme.

Et à quel « chef » les femmes faisaient-elles affront ? Nous voilà encore face au mot « kephalè » ! Or, comme nous l'avons vu, ce terme peut signifier « tête », « lui-même », c'est-à-dire « sa propre personne » ou par « source ». Au v. 4, « tout homme qui prie ou qui prophétise, la tête couverte, déshonore son chef », tandis qu'au v. 5, « toute femme qui prie ou qui prophétise, la tête non voilée ou qui porte des cheveux épars, typique des cultes païens, déshonore son chef, c'est comme si elle était rasée » !

En fin de compte, afin de maintenir l'équilibre entre les deux versets, la meilleure interprétation de « kephalè » ici nous semble de considérer la question d'honneur et de déshonneur comme un des éléments fondamentaux de ce passage. L'être humain ne doit, en aucun cas, ni se déshonorer ni déshonorer son Créateur, en transgressant les lois des convenances sociales. Le mot « tête » se réfère à la fois à la tête physique car il est question de coiffure dans les deux cas, mais représente aussi la personne tout entière. La tête rasée était signe de plusieurs comportements répréhensibles : une conduite adultère, de pratiques sexuelles contre nature comme l'homosexualité, de prostitution, du désir d'émancipation totale. De nombreux témoignages existent des cultes païens où l'on parle de prostituées sacrées dont certaines avaient le crâne rasé. Ce fut le cas des initiés masculins du culte d'Isis et aussi, comme nous avons vu, l'inversion sexuelle du culte d'Aphrodite.

Notons, avant de poursuivre, et sans encore essayer de définir le sens exact de la prophétie, que dans l'église primitive, hommes et femmes priaient et prophétisaient au culte. Or, Paul situe le prophète en deuxième position après l'apôtre dans 1 Cor. 12 : 28 et Eph. 4 : 11. Il ne semble pas faire de différence entre le don de prophétie et le ministère de prophétie. Celui qui prophétise (1 Cor. 14 : 31) est un prophète (v. 32). De plus, lorsque la prophétie et l'enseignement sont mentionnés ensemble, la prophétie est toujours mentionnée en premier (Rom. 12 : 6-9 ; 1 Cor. 12 : 28 ; 14 : 6 ; Eph. 4 : 11.) Si donc Paul affirme, comme nous venons de voir, que la femme prophétisait, cela voudrait dire que non seulement elle avait la possibilité de parler, mais aussi celle d'exercer un ministère de la parole auquel l'église attachait de l'importance. La seule différence soulignée dans ces versets consiste à établir une distinction en ce qui concernait la coiffure ou la manière de se couvrir la tête ! Il n'y avait pas de différence au niveau de la participation orale des hommes et des femmes !

Le verset 6. Il semblerait que Paul désire pousser les femmes auxquelles il pense, jusqu'au bout de leur raisonnement et poursuit alors son argumentation basée sur la honte. La femme ne doit pas rejeter le signe de sa sexualité : elle doit se couvrir la tête ou se coiffer en femme ! Sa seule alternative serait qu'elle aille jusqu'au bout de la mode masculine en se rasant la tête. Cependant, faire cela, la placerait au même rang que la femme tondue et ce serait alors un déshonneur pour elle !

Le verset 7. Kuen affirme qu'avec ce verset, Paul commence un développement où il passe des considérations culturelles à celles basées sur la Création. Ce n'est pas tout à fait exact puisque la 1ère partie du verset continue l'argument commencé plus haut. Au début du verset, Paul apporte en effet la contrepartie de l'argument commence au verset 6. Il affirme ainsi que l'homme ne doit pas avoir la tête couverte, à savoir des cheveux longs ou `couverts', tandis que la femme doit le faire.

Ce n'est, en effet, qu'à la fin du v. 7 que l'apôtre insiste sur la différence entre l'homme et la femme. Cette différence s'exprime par la phrase *« puisqu'il est l'image et la gloire de Dieu, tandis que la femme est la gloire de l'homme. »* Sans doute Paul fait-il allusion à Gen.2 :7 où nous lisons que Dieu créa l'homme le premier et que la femme fut tirée de son côté. Cela dit, comme nous l'avons déjà vu, cela ne signifie pas qu'elle lui soit inférieure. Avant d'aller plus loin, il nous faut poser une autre question importante. Que signifie les termes « image » et « gloire » au juste ?

Lorsque nous remontons au texte de la Genèse, nous lisons : *« Dieu créa l'homme à son image, il le créa à l'image de Dieu, il créa l'homme et la femme »* (Gen.1 :27). Ce verset souligne l'accomplissement de projet initial de Dieu : *« Faisons l'homme à notre image, selon notre ressemblance... »* énoncé au verset précédent, projet qui se concrétisa par la création de l'homme et la femme. Ces deux versets pris ensemble indique l'égalité entre ces deux êtres.

Quelque temps après, dont nous ne connaissons pas la durée, la chute est intervenue ! Or, si nous savons que cette chute rompit la relation de l'homme avec Dieu, endommagea celle qu'il avait avec sa conjointe, et aussi avec la création, qu'en fut-il de l'image de Dieu en lui ? Apparemment celle-ci n'a pas été altérée puisque nous lisons plus loin que celui qui commettrait un meurtre serait puni de mort *« car Dieu a fait l'homme à son image »* (Gen.9 :6). Cette image restait donc présente, même après la chute.

Ainsi, puisque l'homme et la femme furent créés à cette image, et puisque cette image n'a pas été totalement altérée par la chute, nous devons conclure que la femme, tout comme l'homme, demeure encore l'image de Dieu ! Paul n'est donc pas en train d'affirmer que si « l'homme est l'image de Dieu, la femme, elle, ne l'est plus ! »

L'autre terme important est « gloire » (« δοξα » « doxa ».) Il existe 3 interprétations possibles : « le reflet », « la suprématie » et « l'honneur. » Radloff et Kuen adoptent, tous deux, la position avancée par A. Feuillet : *« l'homme est l'image et la gloire de Dieu parce qu'il a été créé à son image (comme la femme) et qu'il le chef-d'œuvre de l'univers créé. Par ce fait même, l'homme glorifie Dieu et il est pour lui un sujet de gloire et de fierté. »* Le livre des Proverbes exprime cette pensée : *« Une femme vertueuse est la couronne de son mari »* (Pro.12 :4) et *« le mari est respecté à cause de la bonne réputation de sa femme »* (Pro.31 :23). Radloff va plus loin que Kuen et analyse ces données qui suggèrent que : *« être la gloire de quelqu'un, c'est un comportement. »* Il souligne qu'au verset 7 de notre passage, où Paul parle d'une gloire réciproque, cette gloire est à la fois un fait mais aussi un comportement, car le contexte parle aussi de la manière dont on peut déshonorer son chef. Ainsi, affirme-t-il,

« l'homme a été créé pour être la gloire de Dieu. Mais s'il porte les cheveux longs, c'est-à-dire lorsqu'il a un comportement déshonorant, à ce moment-là, il ne fait pas honneur à Dieu. De même la femme, lorsqu'elle adopte un comportement déshonorant, elle n'est plus la gloire de Dieu, ni celle de l'homme. L'apôtre aurait pu dire aussi que la femme fait honneur à Dieu mais cela n'aurait pas servi son argumentation d'établir la différence entre les sexes. Or, Paul souligne que chaque sexe ne doit pas chercher à être comme l'autre sexe ou à ressembler à l'autre. Chacun doit assumer sa sexualité. »

Beaucoup de personnes se demandent si l'on doit traduire « femme » ou « épouse », « homme » ou « mari. » Radloff pense que la clef de la compréhension réside dans l'emploi du mot « kephalè » dans l'ensemble de ces versets. Affirmant, comme il le fait, que « kephalè » signifie « source », il pense que ce verset fait allusion au 1er homme et à la 1ère femme et non du couple chrétien. Paul traite tout simplement la question du comportement des hommes et des femmes (et pas seulement du comportement des femmes), qu'ils soient mariés ou non. Afin donc de corriger un comportement répréhensible des hommes et des femmes de Corinthe, Paul parle du premier couple (v. 12).

Les versets 8 et 9. Ces deux versets développent les thèmes de la différence, de la gloire ou l'honneur, qui est apporté par la complémentarité des sexes. Paul explique aussi pourquoi la femme est la gloire de l'homme. Il rappelle qu'au départ l'homme était seul et qu'il lui fallait une aide semblable à lui. Or, nous avons déjà vu que le terme « aide » n'indique nullement l'infériorité. Kuen maintient cependant que le fait que Paul invoque des arguments d'ordre créationnel, montre que la subordination de la femme n'est pas une disposition seulement valable pour le 1er siècle mais pour toujours. Pour démontrer qu'il n'est pas le seul à maintenir une telle position, il cite le rapport de L'Eglise Libre d'Ecosse de 1969 qui conclut : « L'ordre établi par Dieu n'est pas lié au temps, l'homme doit continuer à rester le chef de la femme dans la famille et dans l'église. »

Le problème, avec une telle déclaration, réside dans le fait que si Paul avait voulu faire de la primauté chronologique de la création un argument en faveur de la subordination de la femme, il aurait interdit à celle-ci d'exercer le ministère prophétique. Or, il ne le fait pas ! La prophétie, telle que définie dans le Nouveau Testament est un ministère qui vient juste après celui de l'apôtre ! Nous voyons mal ce ministère confié à des membres « subordonnés » dans l'église.

L'absence de restrictions indique que l'apôtre ne vise pas la subordination de la femme dans ce passage mais la bienséance dans le déroulement du culte. Il ne s'intéresse pas aux relations entre les hommes et les femmes, mais à leurs relations avec Dieu !

Le verset 8 est une explication de l'affirmation précédente que la femme est la gloire de l'homme. A la création elle fut faite à partir de l'homme et pour l'homme - elle est donc bien qualifiée, par son origine et par sa raison d'être, pour représenter l'homme et la femme dans le culte. C'est à ce titre que c'est elle, la femme, qui doit se couvrir la tête. L'argument de Paul semble donc rappeler aux Corinthiens les faits suivants : « ne pensez pas que la femme soit inférieure à l'homme parce qu'elle fut tirée de lui car, souvenez-vous, la femme fut créée pour l'homme. Ce n'était pas la femme qui avait besoin de l'homme mais l'homme qui avait besoin d'elle ! »

Puis, toujours pour démontrer que la femme n'est pas inférieure à l'homme, Paul aborde, au verset 10, la question de l'autorité de la femme, autorité qui lui est propre. La femme serait-elle donc supérieure à l'homme ? A tous ceux qui seraient tentés de tirer cette conclusion, Paul ajoute le verset 11.

Le verset 10. La plupart des traductions françaises traduisent ce verset en plaçant sur la tête de la femme un signe de l'autorité que son mari exerce sur elle - « la femme, à cause des anges doit avoir sur la tête une marque de l'autorité dont elle dépend » [Segond]. « La femme doit porter sur la tête la marque de sa dépendance, à cause des anges » [TOB]. Or, en 1907, Ramsay a démontré que dans le grec extrabiblique, le terme « autorité » (« εζουσοια » [exousia]) parle toujours de la liberté que quelqu'un a de faire quelque chose, de la liberté d'agir. Dans les écrits juifs, « exousia » parle de l'autorité dont dispose quelqu'un, autorité qui lui est propre. Dans le Nouveau Testament, celui qui a l' « exousia » a l'autorité et aussi le pouvoir d'agir, de contrôler et d'influencer (Héb. 10 : 13 : 2 Cor. 10 : 8 ; 13 : 10 ; Apo. 2 : 26-28). Il s'agit donc de l'autorité que la femme possède et qu'elle a le droit d'exercer. Presque tous les commentateurs modernes sont d'accord pour admettre que le terme « exousia » se rapporte ici à **l'autorité exercée et non subie par la femme**. C'est ainsi que la Bible du Semeur traduit : *« Voilà pourquoi la femme doit porter sur sa tête un signe de son autorité à cause des anges. »* Même là, la traduction laisse à désirer car le texte grec dit que « la femme a autorité sur la tête ». Il n'y a pas de raison d'interpréter « exousia » comme signe ou symbole d'autorité !

Ayant établi ce fait important, il convient de demander maintenant de quelle autorité s'agit-il ? L'autorité sur qui ? Le droit de faire quoi ? Nous voici de nouveau confrontés à l'interprétation du terme « kephalè. » Cela voudrait-il dire que la femme a le droit de décider toute seule de son style de coiffure ? Serait-elle libre de participer à tous les actes du culte ? C'est bien l'interprétation adoptée par certaines personnes à condition qu'elle se couvre la tête, car sans porter de voile, la femme n'a pas le droit d'intervenir en priant ou en prophétisant. Mais alors, ce serait la seule fois dans le Nouveau Testament qu'un objet donnerait un pouvoir à une personne à condition d'être placé au bon endroit ! Radloff observe que « kephalè » signifie « homme » et s'appuie sur le « c'est pourquoi » qui, selon lui, lie ce verset aux deux précédents. Ainsi, affirme-t-il, puisque la femme fut créée pour être le vis-à-vis de l'homme, elle doit avoir l'autorité sur lui afin de l'aider de manière efficace. Avoir l'autorité, c'est avoir le droit d'agir et la chrétienne ne doit exercer cette autorité que pour faire le bien, pour édifier.

Kuen n'est pas convaincu par l'argumentation de Radloff, préférant reprendre un des aspects de la deuxième interprétation énoncée ci-dessus. La femme dispose d'une certaine autorité, celle de s'approcher de Dieu au même titre que l'homme et de participer, comme lui, au culte. Elle a le droit, selon l'un des sens « d'exousia », de prier et de prophétiser en tant que femme, sans avoir besoin d'essayer de ressembler à un homme, cette autorité lui donnant la liberté de parler en présence de l'homme, son « kephalè » !

L'allusion aux anges pose un problème à tous les interprètes. S'agit-il d'anges gardiens ou anges déchus ? De ceux qui assistent aux cultes chrétiens en tant que spectateurs ou ceux qui servent d'exemples pour le chrétien par leur soumission à Dieu ? S'agirait-il enfin de messagers humains qu'il ne faudrait pas scandaliser ? Les chrétiens de Corinthe durent comprendre cette allusion puisqu'ils avaient reçu un enseignement de la part de l'apôtre. Comme celui-ci ne nous est pas parvenu, il nous est difficile d'en saisir la portée. Nous pouvons, cependant, exclure un certain nombre d'interprétations, celles par exemple que les anges auraient pu être séduits par les femmes ou que les anges étaient, en réalité, des messagers humains qui auraient pu être tentés par la beauté des femmes puisque celles-ci ne se couvraient pas le visage d'un voile ! Une note dans la Nouvelle Bible Segond fait allusion au Règlement de la Guerre de la secte de Qumran où nous lisons : *« Nul homme qui ne sera en état de pureté à cause de son flux au jour du combat ne descendra avec eux ; car les anges de sainteté accompagneront leurs armées »* Cette note n'apporte rien au débat car le texte ne fait aucune allusion aux règles menstruelles de la femme et n'explique pas pourquoi le fait de porter une marque d'autorité sur la tête établirait une différence aux yeux des anges! Radloff avance une proposition timide mais intéressante : « il se pourrait que les anges nous soient donnés en avertissement. Il nous est rappelé ici que certains anges voulaient être autre chose que ce pour quoi Dieu les avait créés. Il y en avait qui se sont révoltés contre Dieu, ont subi une première condamnation, et sont en attente d'une deuxième (2 Pierre 2 : 4 ; Jude 6) ...Que ce qui est arrivé à ces anges-là serve d'avertissement ! Ainsi les femmes qui refusent la sexualité que le Créateur leur a donnée sont averties par l'exemple de ces anges qui n'ont pas « gardé leur rang. » Ce dernier avertissement adressé aux femmes s'applique également aux hommes. Les anges vont d'ailleurs être jugés par les saints (6 : 3). Et un juge ne devrait pas se rendre coupable d'une transgression semblable à celle qu'il doit juger. » C'est en tout cas en refusant son statut sexuel que la femme devient une offense aux anges.

Les versets 11-12. Dans ces versets, Paul semble vouloir clarifier ce qu'il vient d'écrire au sujet de la création et de sa signification, pour éviter que les Corinthiens en tirent de fausses conclusions. C'est la raison pour laquelle il commence avec « toutefois », « en tout cas » ou « seulement » (selon les traductions.) Il souligne l'égalité fondamentale de l'homme et de la femme. Chacun dépend l'un de l'autre (v. 11.) La femme fut tirée de l'homme, mais l'homme naît de la femme et tous deux doivent leur vie à Dieu.

Les versets 13-15. L'apôtre revient à des arguments d'ordre culturel en faisant appel au jugement personnel des Corinthiens et à leur sens des convenances. Encore une fois, nos traductions posent des problèmes en parlant de « voile » au v. 13 alors que le terme grec signifie « sans être couverte. » Puis, le v. 15 indique que sa chevelure lui fut donnée pour lui servir de voile. Autrement dit, puisque la femme porte déjà un voile (par ses cheveux) pourquoi en mettrait-elle un deuxième ?

Le verset 16. L'apôtre coupe court aux objections des contestataires tenaces éventuels et cette dernière parole remplace tout le débat sur le plan des coutumes.

Il nous semble donc que le principe sous-jacent qui guidait toute la pensée de Paul dans ce passage, comme dans le reste de ses écrits, c'est que la liberté chrétienne fondamentale devrait, dans tous les cas, être exercée avec le sens de ce qui est approprié et en reconnaissant les dangers de scandaliser les autres. Le droit nouveau accordé aux femmes de prendre leur place à côté des hommes et d'être leurs partenaires à égalité dans le culte de l'église, doit s'exercer en tenant compte de ce qui convient, c'est-à-dire, de la distinction voulue par Dieu : de la différence entre les sexes et des conventions de la société.

Kuen tire plusieurs conclusions pratiques de ce passage :

1. Respecter l'ordre créationnel : la femme doit accepter son identité féminine. Ce qui est déshonorant pour un homme ou pour une femme est de se comporter d'une manière qui, dans la société, n'est appropriée que pour l'autre sexe, puisqu'ils renient, par-là, leur propre sexualité.

2. Ne pas donner lieu à des équivoques. Se coiffer comme un homme pour une femme, ou comme une femme pour un homme, pouvait être interprété comme un signe d'homosexualité ou d'inversion sexuelle.

3. Respecter les normes culturelles de pudeur. Certaines attitudes ou certaines façons de se vêtir sont provocantes ou indécentes, dans tous les cas honteuses. Le chrétien a qui « tout est permis » veillera à respecter la pudeur et s'abstiendra de tout ce qui risque d'être une occasion de tomber.

4. Ne pas scandaliser, veiller au bon témoignage. Ce point était un souci majeur de l'apôtre. Nous pouvons noter l'abondance des mots « honneur », « déshonneur », « honte » et « gloire » dans ce passage.

5. Affirmer la solidarité de la femme avec son mari. Le comportement de la femme n'est pas à considérer hors de son contexte conjugal mais en tenant compte des conséquences qu'il aura sur le mari.

Des questions pratiques demeurent cependant ! Faut-il, oui ou non, que la femme porte un chapeau ou ait des cheveux longs lorsqu'elle prie ou prophétise ? Même si les interprètes ne sont pas unanimes concernant le sens de la phrase « avoir la tête couverte », il est bien évident que dans notre société occidentale actuelle, l'usage du voile a disparu et n'a plus la valeur symbolique qu'il avait au 1er siècle, sauf pour les musulmans. Il est tout aussi évident que les modes de coiffure féminine et masculine ont aussi considérablement évolué.

Cela dit, dans plusieurs églises et assemblées, certaines chrétiennes continuent à porter un couvre-chef au culte et aux réunions de prière par obéissance à ce passage, même si elles ne comprennent pas le pourquoi de cette prescription. Or, Rom. 14 nous demande de respecter les convictions de chaque individu sans mépris ni jugement.

Dans certaines assemblées, on trouve à l'entrée une collection de fichus et un avertissement « Les femmes qui seraient venues sans couvre-chef sont priées de se servir afin de ne pas déshonorer Christ. » Est-ce là le sens de ce passage ? Paul aurait-il dit cela aux chrétiennes occidentales de notre époque ? Demander aux femmes d'aujourd'hui de se couvrir la tête, serait leur demander de faire quelque chose d'anormal plutôt que de respecter la norme. C'est exactement ce que Paul voulait éviter ! Il voulait que les femmes fassent ce qui était normal dans leur culture en reflétant leur féminité.

Karl Barth résume l'enseignement de ce passage à la manière suivante : « Ce qui est capital et ce qu'il faut retenir d'1 Corinthiens 11 et 14 est ceci : 'la femme doit à tout prix rester elle-même : elle n'a pas à se regarder et à se comporter comme un homme'. » Il est évident que la mode « unisexe » reflète une évolution des mentalités qui tend à effacer les différences entre l'homme et la femme. Faut-il que l'église emboîte le pas à la mentalité actuelle ? La Parole de Dieu, tout en maintenant l'égalité des sexes, ne confond pas « la différence. » Il nous semble donc pouvoir nous appuyer sur le principe suivant : à partir du moment où l'homme ou la femme n'essaie pas d'être ou paraître comme quelqu'un du sexe opposé, nous avons alors répondu à la question fondamentale posée dans cette partie-ci de l'étude. L'un comme l'autre peut prendre sa place dans l'église afin de glorifier Dieu par la prière et par la prophétie.

Chapitre 4
La femme à Corinthe (B) : « Qu'elles se taisent ! » 1 Corinthiens 14 : 33b -36

Après l'étude de **1 Cor. 11 2-16,** le deuxième texte qui retient notre attention se trouve trois chapitres plus loin. Rappelons-nous que dans les textes et les exemples de l'Ancien Testament tout comme dans ceux du Nouveau, les femmes jouissaient d'un rôle certain. Comme nous l'avons vu dans notre étude précédente, Paul admet comme situation parfaitement normale le fait que la femme prie et prophétise dans les réunions chrétiennes. Or, voici que, d'emblée, sans prévenir le lecteur, sans explication et apparemment sans justification, il formule un ordre net et sans bavures, « *que les femmes se taisent dans les assemblées car il ne leur est pas permis d'y parler mais qu'elles soient soumises, selon que le dit aussi la loi. Si elles veulent s'instruire sur quelque chose, qu'elles interrogent leurs maris à la maison ; car il est malséant à une femme de parler dans l'Église." »* (1 Cor.14 :34-35).

Avouons-le ! A première vue, la lecture de ces versets, sans tenir compte de leur environnement exégétique, théologique, historique et culturel, nous choque ! Si nous lisons le texte tel qu'il se présente, voici deux règles qui en découlent :

- Les femmes doivent garder le silence dans les assemblées
- Si elles désirent apprendre quelque chose, qu'elles demandent à leur mari respectif, une fois de retour à la maison.

Pris ainsi, le sens semble clair : dans toutes les assemblées de chrétiens - de saints -, il est interdit à la femme de parler, même pour demander des explications complémentaires concernant l'enseignement reçu. Agir d'une autre manière serait déshonorant pour elle, contraire à la pratique de l'ensemble des églises du 1er siècle, et, surtout, contraire à la loi ! De plus, l'emploi du présent, dans ce passage, semble établir une norme permanente. Tout le monde devrait la reconnaître et la respecter.

La 2ème partie du passage que nous aborderons plus loin, serait destinée à répondre aux objections possibles, à savoir que les Corinthiens n'étaient ni les premiers ni les seuls à recevoir la Parole. Il fallait donc qu'eux, comme les autres, se conforment, sans discuter, à cette règle universelle.

Or, cette lecture-là, qui a régi et qui régit encore bien des comportements « évangéliques » nous plonge dans l'embarras. Tout le monde est concerné, depuis ceux qui cherchent à accorder une plus grande liberté aux femmes dans nos églises, à ceux qui désirent s'appuyer sur ce passage pour leur interdire la parole. Ces derniers, en effet, sont obligés de tenir compte des textes et des exemples qui indiquent que les femmes pourraient prophétiser au même titre que les hommes, et cette tâche est loin d'être simple !

Comment pouvons-nous concilier ces versets avec les exemples de femmes que le Seigneur a appelé à son service et les autres passages bibliques qui parlent du ministère féminin ? Il semble évident que notre première lecture a besoin d'être revue, voire corrigée !

Plusieurs solutions ont été avancées afin de résoudre le problème !

1. Certains interprètes pensent que ces versets sont une interpolation introduite par un copiste du 2ème ou du 3ème siècle tandis que d'autres font remarquer que, grammaticalement parlant, il est possible de rattacher la phrase : *« comme dans toutes les églises des saints »* à la phrase précédente, *« car Dieu n'est pas un Dieu de désordre mais de paix comme c'est le cas, dans toutes les églises des saints.* » Cette lecture à non seulement le mérite d'éviter la répétition du mot « église » au v.34 mais correspond mieux aux autres passages où nous trouvons la même formule à la fin d'un argument (**4 : 17 ; 7 : 17 et 11 : 16**.) Cela dit, le problème reste entier ! L'interdiction semble demeurer ! Il est vrai que parfois, confrontés à des textes difficiles, certains copistes mirent « une glose », c'est à dire des notes, dans la marge du manuscrit qu'ils copiaient. Certains interprètes, y compris des évangéliques, ont eu recours à cette solution. Selon eux, ces notes dans la marge auraient été introduites dans le texte plus tard et ne seraient donc pas de la plume de l'apôtre Paul. Ce dont nous sommes certains, c'est que dans plusieurs manuscrits, ces versets se trouvent après le **v. 40** et non à leur place actuelle. Ceux qui suggèrent que ce passage est une glose, font remarquer que ces phrases semblent interrompre l'argument de Paul et que le verset **36** « *Est-ce de chez vous que la Parole de Dieu est sortie ?* », suit parfaitement bien le **v. 33** « *Dieu n'est pas un Dieu de désordre, mais de paix. Comme dans toutes les églises des saints !* »

   Cette « solution » n'en est pas vraiment une car, s'il est vrai que quelques manuscrits placent ces versets après le **v.40,** la grande majorité les mettent là où nous les trouvons dans nos bibles. De plus, il n'y a aucune preuve que ces mots furent introduits dans le texte plus tard. Nous éliminons donc cette tentative d'écarter ces paroles étonnantes.

2. D'autres commentateurs pensent qu'effectivement la femme n'a pas le droit de parler. En règle générale, ils se divisent en deux groupes.

   - Ceux qui pensent que les versets du **chapitre 11** s'appliquent aux rencontres non-officielles de l'église et qu'ici, au **chapitre 14,** Paul donne des instructions concernant les réunions où toute l'église est réunie ont de la peine à nous convaincre. Selon eux, lors des séances plénières, la femme n'a plus droit à la parole. Non seulement cela la rendrait simple auditrice et rien d'autre, mais le texte suggérerait qu'elle n'aurait pas assez d'intelligence pour comprendre sans l'aide de son mari. Ainsi, non seulement elle serait subordonnée à son mari mais elle lui serait inférieure étant donné que lui aurait compris ce qui échappait à son épouse. Plusieurs questions se posent immédiatement : à qui des femmes célibataires poseraient-elles leurs questions ? Seraient-elles condamnées à demeurer dans l'ignorance de la Parole de Dieu, comme celles du bas - judaïsme ! Est-ce bien cela que Paul a voulu enseigner ? Afin de maintenir la cohérence du message biblique, rien que dans le cadre de cette lettre, sans donc tenir compte d'autres passages et d'autres exemples, nous n'avons le choix qu'entre 2 solutions : subordonner **1 Cor. 11 : 5 à 14** : **35 ou 14 : 35 à 11 : 5,** c'est-à-dire partir de l'a priori du silence de la femme et expliquer **11 : 5** comme une concession provisoire ou limitée ou bien partir de **11 : 5** et les autres affirmations et exemples de l'Ancien Testament comme du Nouveau Testament, et expliquer **14 : 34** soit comme inauthentique, soit comme citant un slogan des adversaires de Paul qu'il réfuterait au **v. 36,** soit comme se rapportant à une certaine forme d'intervention orale.

Nous constatons donc qu'il ne suffit pas d'affirmer : « Il n'y a qu'à se conformer à la Parole » pour résoudre les difficultés ! Nous avons commencé à examiner les différentes solutions proposées et nous en choisirons une en fonction des exemples et des passages dans l'ensemble de la Bible, sans, pour autant, désavouer les personnes qui arrivent à d'autres conclusions. De toute façon, cela vaut la peine d'essayer de comprendre les différentes tentatives d'harmonisation des données bibliques et ainsi de faire davantage en faveur d'une véritable unité chrétienne au lieu de chercher à imposer une interprétation à tous.

Nous avons déjà rejeté la « solution » qui suggère que ces versets soient une glose. Nous rejetons également celle qui prétend que la prière et la prophétie de la femme furent réservées aux rencontres « de maison » car, au 1er siècle la plupart des églises se réunissaient dans les maisons ! De plus, l'emploi de la phrase : *« comme dans toutes les églises des saints* » (v.33), suggère que l'apôtre pense au culte public.

- D'autres reconnaissent bien que Paul s'adresse à l'église réunie, dans les deux passages cités, présentant différents arguments afin de minimiser la portée des interdictions. On suggère qu'au **ch.11**, Paul s'occupe principalement de la question vestimentaire ou de la coiffure sans traiter celle de la parole ! Mais si tel était son but, pourquoi mentionne-t-il la prière et la prophétie ? Une autre hypothèse avancée, c'est de penser qu'entre la rédaction du **ch. 11** et du **ch. 14**, Paul avait reçu des nouvelles alarmantes et que, par conséquent, il était urgent de redresser la situation. Cela nous ferait revenir à ce que nous avons dit plus haut, subordonner le **ch. 11** au **ch. 14**. De toute façon, si telle est l'explication, pourquoi aurait-il fait appel aux pratiques dans d'autres églises alors que le problème serait purement local ?

Godet, quant à lui, suggère que **14 : 34** nous fournit la règle générale où l'initiative de la Parole revient à l'Esprit qui inspire la prophétie. Comme ce don n'existe plus, selon lui, l'exception ponctuelle du **ch. 11** est aujourd'hui caduque. Mais, dans ce cas, que fait-il de la prière ? Faut-il appliquer les mêmes critères et interdire à la femme de prier en public ? De toute façon, lorsque l'on présente un argument, il est habituel de présenter la règle générale d'abord et les exceptions ensuite. Or, ce n'est pas le cas ici ! Rien dans le texte n'indique que le **ch. 11 : 5** soit l'exception qui confirmerait la règle, c'est-à- dire, une concession à cause des circonstances locales !

D'autres commentateurs pensent encore que Paul n'exige pas le silence absolu mais demande à la femme de se taire dans certaines circonstances et ceci pour plusieurs raisons. Ils s'appuient sur le fait qu'il existe 3 injonctions au silence dans le **ch. 14** ! Le **v. 28** s'adresse à ceux qui parlent en langues, le **v. 30** impose une règle à ceux qui prophétisent et, le **v. 34** se destine aux femmes. S'il est vrai que Paul emploie le même verbe dans les trois cas et que la portée de cette injonction est limitée dans les deux premiers, aucune limite n'est mentionnée au **v. 34**. Paul aurait-il 'oublié' de le faire ici ?

Certains interprètes pensent que certains types d'interventions étaient interdits, notamment :

- Le parler en langues. Si c'était le cas, le **v. 35** ne se justifie pas.
- L'enseignement. Mais la prophétie, citée généralement avant l'enseignement dans les listes de dons, implique, tout comme l'enseignement, l'exercice d'une forme d'autorité.
- Le bavardage. Mais le verbe employé, « λαλεω *(«* laléo »), signifie toute prise de parole, en langues, prophétique ou lors d'une discussion.

De toute façon, l'allusion ambiguë à « la loi » fait penser à une application de portée générale et non à une pratique qui se limiterait à Corinthe. Dans la version grecque de l'Ancien Testament, la Septante, lorsque l'Eternel établit Jérémie comme prophète, ce dernier protesta *«je ne sais pas parler* (*« λαλειν » « lalein »*). Nous voyons donc que le verbe était employé pour désigner la parole prophétique publique.

3. D'autres possibilités

Une autre solution semble rallier de plus en plus d'exégètes évangéliques. Ils pensent que Paul interdisait aux femmes toute participation à l'évaluation des prophéties. Grudem, Carson, Hurley et Kuen, tous « évangéliques conservateurs » font partie de ce groupe. En face se trouvent d'autres, Bilézikian, Radloff, Loverini, Appéré et d'autres qui pensent que Paul cite une règle communément acceptée mais s'y oppose. Carson affirme par exemple, « les femmes ne doivent pas participer à l'évaluation orale des prophéties. » Tucker et Liefeld ajoutent, « prophétiser est une chose, mais entrer en discussion, poser des questions insidieuses et présumer d'évaluer les paroles des prophètes est tout autre chose. » Selon Grudem, « au **v. 34** Paul dit**,** 'il ne leur est donc pas permis d'y parler (de se prononcer), mais *(alla)* qu'elles soient soumises'. » « Ce 'mais', dit Grudem, marque une forte opposition. Le genre de parole que Paul a donc en vue est une parole impliquant l'insubordination, ce qui serait le cas dans une évaluation ou une critique d'une prophétie. Cela voudrait dire que l'on possède une autorité supérieure en matière de doctrine ou d'enseignement éthique. » Certains commentateurs suggèrent qu'en faisant allusion à la Loi, « Paul se réfère à l'insubordination de Myriam et d'Aaron (**Nom. 12 : 1-15.**) Myriam fut une dirigeante et prophétesse de plein droit mais n'aurait pas dû s'opposer à Moïse. Il est possible que Paul suggère que les femmes peuvent exercer leur ministère dans l'église, mais doivent le faire dans une attitude de soumission lorsqu'il s'agit de juger ou d'évaluer des prophéties données par d'autres » (Tucker- Liefeld).

Selon les commentateurs qui adoptent cette interprétation, le **v 35** serait la réponse de Paul aux femmes qui disaient : *« d'accord, nous ne critiquerons pas les prophéties mais nous pouvons quand même poser des questions.* » « Or, dit Kuen, ces questions pouvaient aisément se transformer en critiques larvées, et c'est précisément ce que Paul voulait éviter. » Grudem va jusqu'à dire : « ce passage rejoint **1 Tim. 2 : 11-15** en refusant aux femmes l'exercice d'un gouvernement doctrinal et éthique sur une congrégation, même occasionnellement. » J. Blandenier ajoute : « Ce qui doit se faire à la maison, et non au culte de l'église c'est questionner, interrompre, intervenir à propos et hors de propos. »

Nous aimerions poser plusieurs questions aux avocats de cette « solution ». Pourquoi l'évaluation de prophéties serait-elle un acte comportant plus d'autorité que celui de prophétiser, c'est-à-dire parler aux autres de la part de Dieu ? Prisca, en compagnie de son mari, n'a-t-elle pas évalué le ministère d'Apollos ? Ne l'a-t-elle pas jugé insuffisant et lui n'a-t-elle pas enseigné une meilleure voie, une doctrine plus complète ? Estime-t-on qu'elle fût coupable d'insubordination ?

Lorsqu'on discute de l'allusion de Paul à la loi et qu'on pense qu'il s'agit de la révolte de Myriam et d'Aaron, pourquoi souligne-t-on le rôle de Myriam tout en passant sous silence celui de son frère, tout aussi répréhensible ! Comme nous l'avons déjà vu, Ananias et Sapphira ont été tenus conjointement responsables lorsqu'ils ont essayé de mentir aux disciples.

En ce qui concerne les questions que les femmes poseraient, pourquoi devrions-nous conclure qu'elles seraient tendancieuses, insidieuses ou qu'elles pourraient facilement se transformer en critiques larvées ? Absolument rien dans le texte ne suggère une telle interprétation !

Certains s'appuient sur le poids des coutumes de l'époque et suggèrent que le souci de Paul était de ne pas offusquer ceux qui étaient viscéralement attachés à ces convenances. Il ne fallait donc pas que l'avancement de l'Evangile se trouve entravé par ce que dirait la population : « les femmes chrétiennes se comportent de manière honteuse, elles prennent la parole en public et engagent des discussions avec des hommes ». Qu'auraient-ils dit alors de l'attitude de Jésus ? Il discutait en public avec des femmes, y compris celles de mauvaise réputation ! Il en a fait des disciples et des premiers témoins de sa résurrection. Nous savons, de plus, que Paul avait plusieurs collaboratrices. Prisca, Phoebé, Evodie et Syntyche qui avaient lutté avec lui pour l'Evangile (**Phil. 4 : 3**) pour ne mentionner que les mieux connues. Est-il concevable que d'un côté il passe outre des coutumes de son époque en prenant des femmes avec lui en tant que collaboratrices, puis, se plie à ces mêmes coutumes afin d'interdire l'évaluation des prophéties aux femmes dans l'assemblée ainsi que le droit de poser des questions ? L'homme, a-t-il le monopole du discernement de la bonne doctrine et d'une éthique juste ?

Malgré tout le respect que nous avons pour les éminents théologiens mentionnés ci-dessus, cette interprétation nous paraît forcée et ne tient pas compte de l'ensemble des données. Elle laisse trop de questions en suspens.

4. **Une dernière interprétation**, avancée par Bilézikian, Radloff, Appéré et d'autres est celle d'interpréter ces paroles comme étant un dicton avancé par certains judaïsants à Corinthe qui voulaient interdire toute intervention féminine. Paul répond en demandant, au **v. 37**, si la Parole de Dieu trouvait son origine chez eux ou s'ils étaient les seuls à l'avoir reçu !

Nous avons déjà vu qu'il existe certains indices qui suggèrent que ces propos se trouvent soit dans la marge soit à la fin du passage, ce qui pourraient indiquer qu'ils ne provenaient pas de Paul. Or, nous ne sommes nullement obligés de les considérer comme étant une interpolation introduite par un copiste du 2ème ou du 3ème siècle. Un examen détaillé de la grammaire du passage révèle que la loi du silence est suivie de son rejet par Paul.

A l'appui de cette hypothèse nous constatons que le style et le contenu de ce passage n'ont rien de paulinien et la question abordée ne semble guère à sa place dans le développement du **ch. 14**. Jusqu'ici l'apôtre a parlé de l'édification de l'église et de l'ordre dans les réunions. Tous pouvaient participer à tour de rôle, chacun venant avec l'intention de contribuer quelque chose à l'édification de l'ensemble (**v. 26**.) Paul limite cependant le temps de parole de chaque intervenant en insistant sur les égards qu'il doit avoir pour les autres (**v. 30**.) Enfin, il rappelle le droit de tous les croyants de participer (**vv. 31,39**.) Tout doit se passer dans une atmosphère de paix et d'ordre, chacun étant maître de ses actions (**v.32**) car l'agitation n'est pas d'origine divine. Puis, soudain, arriverait une interdiction lapidaire, sans explication et qui ne souffrirait aucune exception, contrairement aux 2 autres interdictions qui posent certaines conditions. De plus, cette règle de silence imposée aux femmes correspondrait à une pratique observée dans « toutes les églises des saints » et s'appuierait sur « une loi. » Comment expliquer ce revirement apparent ?

Tout d'abord, il faut noter qu'au début du premier siècle, les « saints » étaient des chrétiens juifs de Jérusalem et de la Palestine pour la plupart (**Actes 9 : 13,3 1,42 ; 26 10**). André Loverini conclut donc que cette formule introductive désigne les églises de la Palestine, proches encore de la synagogue, avec tout ce que cela pouvait impliquer dans le traitement accordé aux femmes. Bilézikian, quant à lui, en parlant du **v.34,** nous précise que d'habitude, « lorsque Paul donne des instructions qu'il entend voir appliquer dans toutes les églises il précise qu'il en est l'auteur : 'C'est ainsi que j'ordonne dans toutes les églises' (**7 : 17**) ; '...nous n'avons pas cette coutume, ni les églises de Dieu' (**11 : 16**) ; '...comme je l'ai ordonné aux églises' (**16 : 1**.) Ici, il ne prend pas cet ordre à son compte. Il s'agit plus d'une pratique établie que d'une directive apostolique autoritaire. » Pourtant nous savons que l'apôtre savait bien prendre ses responsabilités, notamment dans ce domaine, puisque, dans sa lettre à Timothée concernant la situation à Ephèse il dit, « Je ne permets pas à la femme d'enseigner » (**1 Tim. 2 : 12**). Nous examinerons ce passage plus loin.

L'allusion à la loi, comme nous avons vu plus haut, pose un autre problème. Aucun texte de l'Ancien Testament n'interdit à la femme de prendre la parole et les ministères de Myriam, Déborah et Huldah en disent long sur leur capacité de diriger et de prophétiser sous la direction de l'Esprit de Dieu. Pour Bilézikian, « cette référence à l'Ancien Testament constitue en soi une preuve suffisante que Paul n'est pas l'auteur de ces propos. Chercher à justifier une pratique chrétienne en faisant appel à la loi mosaïque ressemble étrangement au légalisme judaïsant que l'apôtre a combattu avec force tout au long de son ministère. » Kuen, Carson et d'autres lui répondent que cette allusion à la loi ne concernait pas *le silence* de la femme mais *son attitude soumise* qui risquerait de se trouver compromise par une évaluation des messages prophétiques. Nous avons déjà émis nos réserves concernant cette analyse plus haut et ne sommes toujours pas convaincus.

L'ordre d'interroger leur mari à la maison révèle également une origine judaïque car le Talmud précise que la femme n'avait pas la même capacité que son mari de s'instruire dans l'assemblée ! Sa présence était tolérée à condition qu'elle demeure silencieuse ! Il semblerait qu'ici encore, personne ne se soit interrogé pour se demander ce que devaient faire des femmes célibataires ! Encore une fois, cette directive reflète l'arrière-plan judaïque où toutes les femmes étaient mariées et tous les hommes instruits en matière de religion !

Il faut bien se rendre à l'évidence : le contenu de cette interdiction ne porte pas la signature de Paul car elle ne reflète ni sa manière de penser ni sa manière de s'exprimer. Nous savons, en revanche, qu'il disposait d'un rapport d'une certaine Chloé (**1 : 11 ; 5 : 1**) et d'une lettre précédente des Corinthiens eux-mêmes (**7 :1**.) Or, ces sources étaient amplement suffisantes pour lui permettre d'en citer des extraits qui donnaient de faux enseignements afin de les réfuter. En les citant dans son épître, il est certain que les Corinthiens reconnaîtraient l'enseignement de ces fauteurs de troubles. Rappelons-le pour mémoire, la ponctuation et les guillemets n'existent dans aucun manuscrit grec du Nouveau Testament ! Nous dépendons donc uniquement du contexte et du contenu des déclarations afin de discerner ce qui vient d'un auteur et ce qu'il cite ! Or, si ce passage était unique dans toute la Bible et si tous les exemples donnés allaient dans le même sens, nous serions autorisés à douter de l'interprétation que nous avançons timidement ici, mais ce n'est pas le cas. Dans cette épître, plus que dans tout autre, l'apôtre cite les propos de ses adversaires. Nous pouvons noter les citations suivantes généralement admises :

- « Moi, je suis de Paul, Et moi, d'Apollos ! Et moi, de Céphas ! et moi, de Christ ! » (**1 : 12 ; 3 :4**)
- « Tout m'est permis ! » (**6 : 12 ; 10 : 23**.)
- « Les aliments sont pour le ventre et le ventre pour les aliments ; et Dieu détruira l'un comme les autres » (**6 : 13**.)
- « Quelque autre péché qu'un homme commette, ce péché est extérieur au corps ; mais celui qui se livre à l'inconduite pèche contre son propre corps » (**6 : 18**.)
- « Il est bon pour l'homme de ne pas toucher de femme » (**7 : 1**.)
- « Tous, nous avons de la connaissance » (**8 : 1**.)
- « Ce n'est pas un aliment qui nous rapprochera de Dieu : si nous n'en mangeons pas, nous n'avons rien de moins ; si nous en mangeons, nous n'avons rien de plus » (**8 : 8**.)

Tous les interprètes ne sont pas d'accord avec la totalité de cette liste et, il faut bien l'admettre, il n'est pas toujours facile de déterminer ce qui provient de la plume de Paul et ce qui constitue une citation. Cela dit, lorsque nous nous trouvons, comme c'est le cas dans le chapitre **14 : 34-36**, confrontés à un tel contraste comme celui qui existe au **ch. 11** et ce passage-ci, avec une injonction qui pose tant de problèmes, notre tâche est quelque peu facilitée !

Carson, quant à lui, tout en admettant que Paul cite souvent ses adversaires, suggère, comme nous venons de le dire, que ces citations ne sont pas acceptées par tous. Il admet que celles de **6 : 12 ; 7 16 ; 8 : 1b** en soient, mais remarque, en même temps qu'elles furent courtes et suivies immédiatement par un commentaire clair de l'apôtre. Ce dernier consacrait ensuite plusieurs versets à développer son point de vue personnel. Ainsi, affirme Carson, Paul ne laisse aucun doute quant à sa position.

Ces observations de Carson appellent quelques réflexions cependant :

Selon quels critères, détermine-t-on que ces passages constituent des citations ? De la longueur ? A partir de combien de mots ? Selon la majorité des commentateurs ?

Ce premier critère est donc subjectif ! Est-ce que, parce qu'un passage est plus long que les autres, qu'il ne peut, en aucun cas, être une citation des judaïsants ? Puis, en ce qui concerne l'argumentation de Paul, il y consacre 2 versets pour établir sa position personnelle. Ne serait-ce pas suffisant ?

Selon l'interprétation que nous avons adoptée, compte tenu de l'ensemble des données, les **vv. 36-38** renforcent l'idée que cette interdiction ne provient pas de Paul mais d'un groupe au sein de l'église de Corinthe auquel l'apôtre s'efforce de répondre. En effet, la structure grammaticale suggère une rupture avec les versets précédents. Il existe en grec, une particule « è » qui est disjonctive, ce qui signale une répudiation de ce qui la précède. En français nous pourrions la traduire par une expression familiale comme : « Quoi ! », « Comment ! », « Voyons ! », indiquant la désapprobation et le rejet d'une situation incongrue.

Encore une fois, des interprètes comme Carson et Kuen prennent leur distance par rapport à la position prise par Bilézikian. En effet, Kuen s'appuie sur Carson et ce dernier accuse Bilézikian de « démontrer de manière remarquable qu'il n'a pas compris ce qu'il cite. » Carson, quant à lui, affirme que même si la particule « è » est disjonctive, l'explication qu'elle devrait introduire ne suit pas ! Nous sommes au regret de le contredire : comment interprète-t-il alors le **v 37** ? De plus, il affirme que « ce qui suit la particule (è) renforce ce qui vient d'être dit » et il cite des exemples. Nous avouons, dans le cas présent ne pas suivre sa logique : si une particule est disjonctive elle devrait rompre avec ce qui précède, non le renforcer. Si ce n'est pas le cas, nous avons mal compris la signification de l'expression « particule disjonctive » !

Il existe encore un autre argument en faveur de l'interprétation adoptée ici : c'est que le texte passe brusquement de la 3ème personne au féminin (« elles, les femmes ») dans l'interdiction, à la 2ème personne du masculin (« vous, les hommes ») dans le verset qui suit, indiquant ainsi que Paul s'en prend désormais aux membres masculins de l'église de Corinthe. Dans l'ensemble de son argumentation, il n'est donc pas dans l'intention de l'apôtre de remettre les femmes à leur place !

Il serait donc possible d'établir une paraphrase de l'argument de Paul de la manière suivante : « Depuis quand êtes-vous la source de la révélation divine qui vous autorise à établir vos propres lois ? Ou bien, seriez-vous les dépositaires exclusifs d'une révélation divine que nous ignorons ? »

Au **verset 37** Paul se fâche contre les membres de cette faction misogyne qui prétendent être « inspirés » afin de donner plus de poids à leurs arguments. Si nous nous référons à l'ensemble de cette épître, nous voyons bien qu'il s'agit des propos tenus peut-être bien par ceux qui étaient déjà à l'origine des « divisions » et des « désaccords » (**1 : 10-11 ; 11 17-19**), par ceux qui, en réalité « détruisaient le temple de Dieu » (**3 : 16-17**), des agitateurs arrogants et avides de pouvoir (**4 :18-19**). Or, face à cet enseignement pervers, Paul oppose son propre point de vue fondé sur les principes établis par le Christ lui-même, c'est ainsi qu'il fait appel « au commandement du Seigneur. » Ce sont ces distinctions qui expliqueraient les différences irréductibles entre la position de Paul à l'égard du rôle des femmes et celle que reflète l'interdiction des judaïsants.

Conclusion. Comment pouvons-nous conclure cette analyse de ce passage complexe, quelles leçons pouvons-nous en tirer pour notre situation d'aujourd'hui ?

1. Tout d'abord, il faudrait conclure que ces versets constituent un avertissement contre les solutions « faciles. » Essayer d'interpréter ce texte (ou d'autres) « tout simplement » en interdisant toute parole à la femme, c'est agir au mépris d'une des règles fondamentales de l'interprétation biblique (interpréter les passages obscurs à la lumière des passages clairs) et du principe de « l'analogie de la foi » (examiner tous les passages relatifs à une question avant d'arriver à une conclusion).

2. Les diverses solutions d'harmonisation avancées par de nombreux chrétiens respectueux de la Parole de Dieu nous conduisent à la conclusion qu'il faut être tolérant envers ceux qui n'adoptent pas la même position que la nôtre.

3. Alfred Kuen, qui adopte l'interprétation d'une « évaluation des prophéties », cite l'exemple des Moraves qui avaient l'habitude de se réunir le dimanche après-midi pour s'entretenir du sermon du matin. « C'est, dit-il, un exemple d'« évaluation des prophéties » qu'il serait bon d'encourager, au moins de temps en temps. Faudrait-il, dans ce cas, interdire aux femmes de participer en se basant sur ces versets ? Différentes raisons militent plutôt dans un sens contraire. »

Par suite d'un colloque de professeurs de la Faculté de Théologie de Vaux sur Seine, le texte suivant (rapporté dans *ICHTHUS N° 85)* a été publié : « il y a certainement un élément circonstanciel dans les arguments de l'apôtre. Il cherche à faire comprendre ce qui convient et ce qui ne convient pas. Il voulait écarter tout ce qui risquerait de discréditer l'Eglise du Christ, de susciter des calomnies, ce qui serait le cas là où des femmes, abusant de leur liberté nouvelle, feraient fi (les règles de la bienséance (**1 Cor. 11 et 14** en sont des exemples). Ceci nous encourage à tenir compte des pratiques et de la sensibilité de notre époque dans l'application des principes que nous donne l'Écriture »

Paul termine donc ses propos par un solennel rappel à l'ordre au **v.38**. Il convient aux chrétiens aujourd'hui d'aligner leur pratique sur le commandement de Christ, sur l'enseignement et sur la pratique de Paul, plutôt que sur un texte isolé de son contexte immédiat et historique. Fonder notre pratique sur une règle que voulaient imposer les judaïsants, si nous arrivons à cette conclusion après avoir examiné toutes les données, n'est pas du tout satisfaisant !

Chapitre 5
La femme à Ephèse : « Une question d'autorité ! »
1 Timothée 2 : 8-15.

Si un doute subsiste concernant l'origine des propos de Paul à la fin du chapitre 14 de 1 Corinthiens, certains propos tenus par un groupe de judaïsants au sein de l'église de Corinthe aussi bien que ceux de Paul lui-même interdisant à la femme de parler ou de participer à l'évaluation des prophéties dans sa lettre à Timothée, aucun doute n'existe.

L'aile conservatrice du monde évangélique ainsi que les chrétiens appelés « les féministes évangéliques » pense avec Hurley que *« ces versets constituent le cœur du débat au sujet du ministère féminin. Il vaut donc la peine de les examiner de près. »* Comme ce passage contient des termes polysémiques, des constructions grammaticales ambiguës, et, en plus, un mot qui n'apparaît qu'ici dans tout le Nouveau Testament (« αυθεντεω » - « authentéo » - autorité) sans compter un des versets les plus obscurs du Nouveau Testament (le v. 15), on comprend D. Pawson qui s'exclame : *« Qu'il est frustrant de ne pas avoir Paul sous la main pour qu'il donne lui-même son opinion sur ce qu'on prétend qu'il a voulu dire. »*

Nous allons donc faire face à une série de termes et de versets où les convictions personnelles vont en colorer l'interprétation, En commençant l'analyse de ce texte, il nous faut aborder plusieurs questions :

4) De définition : Les experts (des 2 ailes), sont-ils arrivés à bien cerner tous les problèmes d'exégèse ?

5) D'application : Quelqu'un est-il arrivé, de manière satisfaisante, à démontrer que ce passage n'est pas lié à un contexte précis mais s'applique universellement ?

6) D'harmonisation : Si, dans d'autres passages des Ecritures, des femmes accomplissent les ministères qui semblent être interdits ici, a-t-on trouvé une explication à cette contradiction apparente ?

7) De mise en contexte inverse : autrement dit, si, aujourd'hui, nous refusons qu'une femme exerce un ministère sur la base d'un passage particulier, sommes-nous sûrs que ce ministère contemporain soit identique à celui apparemment interdit dans le texte ? A partir de cette considération, notre pratique contemporaine est-elle vraiment biblique en ce qui concerne :

- Sa nature ?
- Des qualifications requises pour son exercice ?
- Son étendue ?
- Sa forme ?

Alfred Kuen suggère que ces questions posées par Liefeld, peuvent s'appliquer aux différents textes déjà étudiés mais affirme qu'elles sont particulièrement importantes pour l'étude de 1 Timothée 2 : 8-15.

Questions préalables

1. L'application est-elle limitée à une situation locale ou a-t-elle une portée universelle ?

Cette question n'est pas sans importance puisque Paul, dans cette même lettre adressée à Timothée, écrite alors que ce dernier se trouvait à Ephèse, contient effectivement de nombreuses recommandations personnelles et limitées :

- Il lui conseille de boire un peu de vin à cause de ses maux d'estomac (5 : 23).
- Il l'encourage à établir une liste de veuves (5 : 9) et il précise que ces dernières, pour pouvoir y figurer, devaient avoir lavé les pieds d'autres chrétiens (v.10).
- Une lecture attentive révèle encore d'autres conditions liées à l'époque.

Or, si ces recommandations sont d'une portée limitée, pourquoi ne serait-il pas ainsi en ce qui concerne le rôle de la femme ? Nous savons que d'autres textes de Paul, notamment dans l'épître aux Colossiens insistent sur le caractère mutuel de l'enseignement au sein de la communauté (3 : 16.) Le terme employé dans Colossiens est exactement le même que celui utilisé ici. Si donc à Colosses le ministère d'enseignement était ouvert à tous, tout comme celui de l'exercice de la compassion ou de la bonté (v. 12) sans distinction de sexe, pourquoi serait-ce différent à Ephèse ?

2. L'application de ce verset est-elle limitée à une certaine catégorie de femmes ?

Un deuxième problème vient s'ajouter au premier. Nulle part ailleurs, nous nous trouvons en présence d'un ordre absolu adressé à toutes les femmes en toute circonstance ! Dans Tite 2 : 4, Paul demande aux femmes âgées d'enseigner les jeunes femmes et la structure grammaticale de cette injonction ne limite pas l'enseignement aux seules femmes. L'apôtre loue la mère et la grand-mère de Timothée de lui avoir enseigné les Saintes Ecritures dès son enfance (2 Tim. 1 : 5 ; 3 :15). A notre connaissance, personne ne refuse que les femmes enseignent à l'école de dimanche ! Personne ne s'oppose non plus à ce qu'elles enseignent d'autres femmes. Tout ceci prouve que la quasi-totalité des commentateurs interprète cette interdiction comme étant relative et partielle.

Ce constat étant fait, il faut aussi tenir compte du rôle de Prisca dans l'enseignement d'Apollos ! Elle est, certes, accompagnée de son mari, mais elle est nommée en premier, contrairement à ce que nous trouvons dans la plupart de nos traductions ! *« Il lui exposèrent plus exactement la voie de Dieu »* (Actes 18 : 26). Apollos, *« originaire d'Alexandrie, homme éloquent et versé dans les Écritures »* bénéficia de cet enseignement. Afin d'éviter la contradiction apparente entre ce passage-là et l'interdiction supposée de Paul, certains ont suggéré que cet enseignement se passa en privé et non « à l'église » ! Cette « solution » n'en est pas une. Non seulement elle ne tient aucun compte du fait qu'à l'époque toutes les églises se réunissaient dans des foyers, s'il n'est pas permis à une femme d'enseigner, cette interdiction devrait s'appliquer partout. C'est ainsi que Radloff conclut : *« presque tous les interprètes qui affirment que la femme n'a pas le droit d'enseigner se voient obligés de relativiser cette interdiction en la limitant ai certaines formes d'enseignement. »*

3. **Comment réconcilier la contradiction apparente entre l'enseignement proscrit et la prophétie autorisée ?**

Le problème qui se présente est le suivant : d'une part, selon 1 Tim. 2, les femmes ne doivent ni enseigner ni exercer une autorité sur les hommes, alors que, d'autre part, elles accèdent, en tant que prophètes, à une position d'autorité supérieure à celle de l'enseignant. Bilézikian pose alors la question suivante : *« Que dirions-nous d'un règlement militaire qui interdirait aux femmes le grade de capitaine mais leur accorderait celui de colonel ? »*

Beaucoup de tentatives d'harmonisation ont été avancées.

- Kuen mentionne l'âge des femmes. Il cite Scholer qui affirme : *« dans la société gréco-romaine, l'âge moyen auquel les hommes se mariaient était trente ans, celui des femmes dix-huit ans ou moins...c'étaient encore de petites filles qui n'avaient jamais eu la permission de répondre si quelqu'un frappait à la porte de leur maison. Elles mettaient au monde un enfant tous les deux ans ; dès que l'enfant était sevré, elles en portaient un autre. »* Ce serait donc à cause de leur âge et de leur ignorance que Paul leur demande d'apprendre. Bilézikian évoque aussi la condition féminine de l'époque. Il propose la lecture suivante : *« Actuellement je ne permets pas à la femme d'enseigner »* et il poursuit, *« mais lorsque ces femmes auront appris suffisamment, par l'intermédiaire d'enseignants qualifiés, qu'elles auront écouté en silence et d'une manière réceptive, et à condition de `continuer dans la foi, l'amour, la sanctification et la discrétion', il n'y aurait plus d'obstacle à ce qu'elles fonctionnent comme enseignantes, tout comme d'autres fonctionnent comme prophétesses dans d'autres églises. »* Kuen n'est pas convaincu par ces arguments. Il pense que Scholer et Bilézikian noircissent trop la condition de la femme en Grèce, et cite le cas de Prisca qui était loin d'être ignorante ! Il pense que Bilézikian compte trop sur le présent du verbe *« je ne permets pas »* en ajoutant *« actuellement. »* Mais, sa propre explication manque de conviction lorsqu'il prétend que Prisca enseignait uniquement sous l'égide de son mari et qu'ainsi, elle n'usurpait pas son autorité. Il n'explique pas l'autorité qu'elle exerça sur Apollos, homme éloquent et versé dans les Ecritures, ne l'oublions pas !
- Une autre « solution » proposée est celle préconisée par Stott et concerne le rang social des femmes. Selon les défenseurs de cette thèse, l'interdiction frapperait des femmes

riches qui « croyaient tout savoir. » Mais rien dans le texte ne fait pencher la balance dans ce sens surtout pas l'allusion à Eve !

- Encore d'autres interprètes se sont penchés sur le terme « veuves » (χηρα - chèra), terme qui s'appliquait, paraît-il, à toute femme vivant seule. Ainsi une femme célibataire pouvait être qualifiée de « chèra. » Or, si nous mettons ces versets en parallèle avec 4 :3 et la prescription de ne pas se marier, cette allusion pourrait concerner celles qui étaient influencées par les théories de ceux qui interdisaient le mariage. Cela nous permettrait de mieux comprendre l'expression : *« celles qui sont véritablement veuves. »* Radloff observe que : *« c'est à ces femmes que Paul défend d'enseigner ! »*

Kuen pense que cette interprétation correspond bien au faux enseignement propagé à Ephèse mais ajoute que l'application de cette interdiction doit se limiter à cette situation ! Nous aurons l'occasion d'y revenir dans l'exégèse du passage ! Kuen fait de nouveau appel à la déclaration des professeurs de Vaux qui affirment : *« dans ce texte Paul se réfère à l'ordre créationnel voulu par Dieu : on ne peut donc écarter ce verset en n'y voyant qu'un simple conseil dicté par les circonstances »* (ICHTHU5 85, p.4). Encore faudrait-il définir ce que les uns et les autres comprennent par l'expression, « ordre créationnel » car, d'après ce que nous avons déjà vu, il ne s'agit nullement d'une question de hiérarchie. De toute façon, comment se fait-il qu'à certains moments dans l'histoire, des femmes furent appelées à enseigner ? Transgressaient-elles la loi de Dieu ?

Avant d'aborder la question des problèmes propres à l'église d'Ephèse, il nous faut dire quelques mots au sujet de la relation entre l'enseignement et l'autorité. Ce que Paul interdit, en effet, est un « enseignement d'autorité » Or, le terme employé suggère une autorité usurpée, abusive, dominatrice, une autorité que l'on s'arroge soi-même. Il est dommage que Kuen ne croît pas que ce problème puisse être réglé par l'exégèse du texte et continue à souligner que Paul fait allusion à « l'ordre créationnel ». Une bonne exégèse du texte ne permettrait-elle pas de comprendre à quoi Paul fait allusion et pourquoi il fait appel au récit de la création ? C'est d'autant plus regrettable que Kuen est prêt à admettre que dans tous les siècles, bien avant la naissance des mouvements féministes, certaines femmes eurent, dans l'église, des rôles plus importants que ceux qui leur étaient accordés dans le monde et il conclut : « *elles ont exercé une influence considérable* » !

Il est vrai que l'évolution de notre société a poussé l'église à réexaminer son attitude envers les femmes. Certaines personnes vont peut-être trop loin, d'autres, pas assez, mais nous croyons qu'un examen détaillé nous permettra de corriger une interprétation fausse, comme ce fut le cas au 19ème siècle pour la question de l'esclavage. C'est tout de même dommage que Kuen semble tenter un procès d'intention à certains exégètes évangéliques lorsqu'il écrit *« beaucoup d'auteurs modernes cherchent à démontrer par des prouesses exégétiques l'absence de la notion de chef ou la limitation de leur portée à des circonstances locales. »*

Non seulement semble-t-il mettre en doute la sincérité et l'honnêteté des exégètes en question mais il ignore les rôles joués par Déborah et Huldah sous l'Ancienne Alliance et par Prisca, Phoebé et Junia « l'apôtre » dans le Nouveau Testament. Comment peut-il conclure alors avec Pawson : *« il faut cesser de placer des femmes en position d'autorité sur les hommes (= être ancien ou enseignant à un auditoire mixte, c'est-à-dire composé d'hommes et de femmes. »)* ?

Kuen aborde également les problèmes doctrinaux à Ephèse. Or, nous savons, d'après plusieurs textes, que malgré l'enseignement doctrinal solide dans cette ville pendant 2 ans (Actes 19 : 10), Paul savait que l'église serait en proie aux attaques des nombreuses hérésies qui circulaient au 1er siècle. Il nous faut donc étudier le passage en question, point par point en le plaçant dans son contexte, car nous croyons que ce n'est qu'à partir d'une exégèse minutieuse du texte que nous parviendrons à une conclusion qui, même si elle n'obtient pas l'unanimité des suffrages, conduira, espérons-nous, à un début de réflexion.

Comme nous l'avons déjà souligné plus haut, la question est beaucoup moins simple qu'elle ne paraît. Pour certains interprètes, ce sujet n'est pas ouvert à la discussion, *« une femme ne doit pas enseigner ni prendre la parole, un point c'est tout ! »* Il nous semble que ce point de vue est trop réducteur car personne n'a expliqué de manière satisfaisante la différence entre « enseigner » et « prophétiser » ni comment, en tenant compte de cette interdiction, apparemment globale, nous permettons ou demandons, aux dames d'enseigner aux enfants. Ces derniers ont un esprit critique beaucoup moins formé que la plupart des adultes. Comment peut-on justifier alors qu'on permette aux femmes d'enseigner aux enfants vulnérables et non aux adultes critiques ?

Il faut bien l'admettre, les versets qui suivent l'interdiction aux dames d'enseigner ne sont pas des plus faciles. Eve fut-elle seule coupable de la chute ? Dans ce cas, pourquoi parle-t-on du « péché d'Adam » ? Admettons que ce fut Eve qui « s'est fait avoir », mais en quoi son péché était-il plus grave que celui d'Adam qui pécha en connaissance de cause ? Et puis, que signifie le v.15 *« elle sera sauvée en devenant mère »* ? Que signifie ce verset pour les femmes célibataires et pour celles qui ne peuvent pas avoir des enfants ?

Cela nous soulage de constater que Kuen n'est pas « absolutiste » et qu'il admette que l'interdiction absolue de *« ne pas prendre l'autorité sur l'homme, »* prise au pied de la lettre, conduirait à refuser à toute femme la possibilité de participer à quelque niveau que ce soit dans des activités de l'église. Certes, il continue de faire allusion à l'ordre créationnel en s'appuyant sur Stott : « Paul s'appuie sur la priorité créationnelle » (1 Tim.2 : 13), sur le mode de la création (1 Cor.11 : 8) et sur son but (1 Cor.11 : 9), mais ses arguments laissent toujours à désirer ! Le fait que l'homme fut créé avant la femme ne lui donne aucune autorité sur elle - les animaux furent créés avant lui ! Le fait que la femme fut tirée de l'homme indique simplement qu'elle est de la même nature que lui, créée à l'image de Dieu. Et, en ce qui concerne le but de sa création, le fait qu'elle soit une aide pourrait signifier que sans elle, il n'est pas complet, qu'il lui manque quelque chose et ainsi qu'il dépend d'elle !!

En ce qui concerne l'analyse détaillée du passage de 1 Timothée 2, nous sommes reconnaissants à l'œuvre importante accomplie par Marc Schoeni dans la recherche de l'arrière-plan de ce passage. Comme toujours, une des règles fondamentales de l'herméneutique exige que l'interprète, dans l'exposition d'un passage, tienne compte du contexte historique et littéraire du texte en question. Il ne faut donc pas chercher à éviter les difficultés du texte. Selon Schoeni, l'incapacité de rendre compte d'un seul élément devrait nous pousser à chercher plus loin afin d'insérer cette phrase, ce propos, harmonieusement dans le texte dont il fait partie ! Compte tenu du fait que Dieu s'est révélé tout au long de l'histoire, il faut tenir compte du contexte historique du texte - il est important de noter que la situation des premiers lecteurs est profondément imbriquée dans les propos tenus ! Cela signifie qu'il faut en tenir compte dans notre interprétation du texte, même quand celui-ci fait appel aux principes généraux !

Le cadre de 1 Timothée

La ville Éphèse où Timothée exerça son ministère, se trouvait jadis sur la côte de l'Asie Mineure, à la jonction de voies commerciales naturelles entre l'Orient et l'Occident. Sur le plan religieux, ce fut le centre du culte d'Artémis, Diane pour les Romains ! Le temple consacré à cette déesse, bien que détruit par un incendie quelques 200 ans avant l'ère du Nouveau Testament, fut reconstruit en marbre blanc et représentait l'une des sept merveilles du monde antique !

Pendant les années où l'apôtre Paul s'y serait trouvé, Éphèse fut une ville libre, c'est-à-dire que bien que soumise à Rome, elle s'administrait elle-même par une assemblée de notables et d'élus du peuple, le tout surveillé par un président, le « prytanée » - proconsul (Actes 19 : 38).

C'est dans Actes 2 : 10 que nous trouvons la première mention de « juifs d'Asie » qui se trouvaient à Jérusalem le jour de la Pentecôte. Or, les écrits de Josèphe affirment que les juifs furent nombreux à Ephèse, cette ville commerçante, et que cette communauté jouissait de grands privilèges. Plusieurs textes nous informent que les disciples de Jean-Baptiste y formaient un groupe que l'apôtre Paul rencontra lors de son 3ème voyage. Avant cela, cependant, ce fut à la fin de son 2ème voyage missionnaire que l'apôtre y laissa Priscille et Aquila (Actes 18 : 18-19.) Ceux-ci continuaient à se rendre à la synagogue (18 : 26) et ce fut là qu'ils firent la connaissance d'Apollos. Existait-il déjà une petite communauté chrétienne chez eux ? Il est difficile d'en être sûr, et pourtant le texte de Actes 18 : 27 parle « des frères » qui encouragèrent Apollos à se rendre en Achaïe.

Paul lui-même y demeura 3 ans (Actes 20 : 31) et nous savons que l'Évangile toucha tous les milieux et toutes les couches de la société (Actes 19 :10) et que cette évangélisation fut suivie de signes et de miracles. Non seulement il y eut beaucoup de conversions mais des gens renoncèrent à leur ancienne manière de vivre en brûlant publiquement leurs livres de magie (Actes 19 : 19). Paul dut faire face non seulement aux exorcistes juifs (19 : 13-17) mais aussi à l'opposition de ceux qui avaient des intérêts commerciaux et financiers (Actes 19 : 23-27). S'il affirme avoir « combattu contre les bêtes à Éphèse » (1 Cor. 15 : 32) il ne faut pas prendre ses paroles littéralement. Non seulement il n'existait pas d'arènes à Ephèse, mais aucun citoyen romain ne pouvait être condamné à ce supplice. Mais, dans son discours à Milet, Paul prit bien soin d'avertir les anciens d'Ephèse qu'après son départ « des loups cruels s'introduiraient parmi eux » (Actes 20 :29). Il y laissa Timothée afin de « combattre le bon combat » en luttant contre les faux docteurs et pour ramener dans le droit chemin ceux qui l'avaient quitté (1 Tim. 1 2 3, 8-20). Cette église d'Ephèse est la première des sept, mentionnées dans Apocalypse 2 et 3. Au départ, elle ne supportait pas les méchants, éprouvant ceux qui se disaient apôtres et qui ne l'étaient pas, elle les trouvait menteurs, elle haïssait les œuvres des Nicolaïtes, mais cela n'a pas duré. Elle abandonna son premier amour et son chandelier fut ôté de sa place.

Quelles furent ces doctrines qui exercèrent une telle influence sur cette église tellement privilégiée mais qui, en si peu de temps, se laissa entraîner à un point tel que le Seigneur, malgré sa patience, dût lui ôter son chandelier ?

La première lettre de Paul à Timothée fut, manifestement, écrite dans une situation de crise dans cette église dont il avait la charge. Dès les premiers versets Paul rappelle le mandat qu'il lui avait donné, *« recommander à certaines personnes de ne pas enseigner d'autres doctrines, et de ne pas s'attacher à des fables et à des généalogies sans fin »* (1 Tim.1 :3-4). Il devait *« combattre le bon combat »* (ch.1 :18), résister aux blasphémateurs (1 :20), militer contre une forme d'ascétisme (4 :3) et contre les contes absurdes et contraires à la foi (4 :7). Il devait s'opposer aux gens qui s'écartaient de la saine doctrine (6 :3) qui prétendaient enseigner « une pseudo- connaissance » (6 :20). Or, si le gnosticisme s'est beaucoup développé au 2ème siècle, il n'est pas arrivé du jour au lendemain, certains éléments apparaissaient déjà. Selon les éléments dont nous disposons, les gnostiques enseignaient le mépris de tout ce qui est corporel et matériel, donc le mariage (4 :3-5). Ils insistaient sur le salut par *« la connaissance »* (la gnose) mais pour cela il fallait être « initié ! » Certains prétendaient déjà aspirer à la résurrection grâce à cette « connaissance » (2 Tim.2 :18). Trombley résume leur enseignement ainsi : *« les gnostiques enseignaient à Ephèse de fausses doctrines (1 :3-9), prétendant posséder des connaissances spéciales (6 :20). Certaines femmes, ignorantes de la Parole (1 : 1 ; 2 :11), ayant abandonné la foi (2 :15 ; 6 :21), voulaient enseigner (2 :12). C'est à celles-là que Paul refuse la parole ; aux femmes* *ignorantes, hérétiques, gnostiques, qu'il ne permet pas d'enseigner non parce qu'elles étaient femmes, mais parce qu'elles `ignorent de quoi elles parlent' (1 :3-9) ».*

Il nous semble que Trombley tire des conclusions trop hâtives car aucun texte ne montre que ce furent uniquement des femmes qui se trouvaient dans cette catégorie de personnes. Il faut que nous poursuivions nos recherches donc. Cela dit, nous avons déjà une petite idée des problèmes qui « secouaient » cette église d'Ephèse.

Kuen et Moo affirment qu'il nous est impossible de connaître la nature précise de ce faux enseignement donné à Ephèse ni de son influence sur les femmes de cette église. Mais il faut bien admettre que Moo base ses observations sur des recherches effectuées en 1957 et 1963. Or, depuis ces dates, d'autres recherches minutieuses ont été effectuées. Des spécialistes ont découvert que les gnostiques considéraient les femmes comme instrument par excellence de la révélation divine allant jusqu'à réinterpréter le récit d'Adam et d'Eve faisant une héroïne de cette dernière ! Ces études ont permis de découvrir que, selon les gnostiques, Adam aurait été « illuminé » par la gnose (connaissance) d'Eve et il l'aurait remercié de lui avoir donné la vie. Or, cette notion de femme révélatrice (voire médiatrice) de la vérité se trouve justement dans une inscription d'un temple à Delphes *« connais-toi toi-même »*, appel à la connaissance de soi et attribué à Socrate. Ce fut à Delphes que les femmes délivraient les oracles des dieux ! C'est ainsi que C. Kroeger pense que le texte insiste sur Jésus-Christ comme *« seul médiateur entre Dieu et les hommes »* (2 : 5) et que ce verset précède les versets 9-15 qui *« se targuerait d'une spiritualité féminine et d'un pouvoir créatif supérieur aux hommes. »* Ce serait donc dans ce contexte que l'apôtre fait appel au récit de la Genèse, non pas pour justifier un argument hiérarchique basé sur un supposé « *ordre créationnel* » et interdire toute forme d'enseignement à la femme mais pour rétablir la vérité au sujet du rôle d'Adam, formé en premier et source d'Eve. D'autre part, ce ne fut pas Adam qui a été séduit et qui avait donc besoin de l' « *illumination* » d'Eve, bien au contraire, ce fut « la femme qui fut séduite. » Cet arrière-plan expliquerait pourquoi, contrairement à ce qu'il affirme dans Rom.5, Paul souligne le rôle de la femme et non celui de l'homme !

Schoeni nous rappelle que cette première lettre à Timothée révèle un très grand souci du témoignage de l'église vis-à-vis les gens « du dehors » et cela à tous les niveaux, « *Dieu veut que tous les hommes soient sauvés et viennent à la connaissance de la vérité* » (2 :4.) Or, avec le radicalisme des encratites, l'Église du 1er siècle, déjà marginalisée à cause de son insistance sur l'exclusivité de sa foi en Jésus-Christ et de son refus des idoles, devait à tout prix éviter les réactions de rejet pour des questions de mœurs. Notons en passant que la plupart des critères énumérés au ch.3 au sujet des responsables sont des critères moraux et non spirituels, ce qui comptait avant tout, c'était d'avoir des gens équilibrés donnant une bonne image de l'église à l'extérieur et, notamment, dans le domaine de la famille élargie (3 :4). Tout le contraire d'un encratite !

Paul souligne aussi la nécessité de l'enseignement. Non seulement l'ancien devait-il être « *apte à enseigner,* » il était aussi digne d'une double rémunération (5 : 17) ! Or, dans les autres épîtres du même apôtre, l'enseignement est un don parmi d'autres et, en règle générale, se trouve derrière celui de la prophétie ! Pourquoi donner une place d'honneur à l'enseignement si les circonstances à Ephèse ne demandaient pas, justement, un ministère visant à conserver et à consolider le message déjà annoncé ? Nous savons, en revanche, que les mouvements encratites valorisaient la prophétie avec son côté novateur. Face donc aux bouleversements créés par ces gens, il fallait, au contraire, « garder le bon dépôt » (6 :20) afin d'y ancrer les membres de l'église. Voilà pourquoi l'enseignement joue un rôle si important dans cette épître.

Après cette introduction détaillée mais, ô combien nécessaire, il est temps d'aborder l'exégèse du texte

1 Timothée 2 : 8-18 (exégèse)

Le verset 8. Le cadre des versets qui nous préoccupent commence avec une exhortation adressée à Timothée « *faire des prières, des supplications, des requêtes, des actions de grâces, pour tous les hommes* » (2 :1), particulièrement pour « les autorités » (2 :2). Cela est particulièrement important parce que les cyniques et les encratites considéraient tout pouvoir comme étant l'incarnation du mal. Nous comprenons ainsi la portée d'une telle recommandation, tout comme son insistance que Dieu veut *« que tous les hommes soient sauvés »* (2 :4) ou qu'il est *« le Sauveur de tous les hommes, principalement des croyants »* (4 :10). Ce cadre cherche à sortir l'église d'une mentalité de ghetto. Il commence ainsi, *« Je veux donc que les hommes prient en tout lieu... »* Paul ordonne et il s'agit bien d'une injonction sans appel. L'homme (personne de sexe masculin) doit prier en tout lieu, « *élevant des mains pures, sans colère ni mauvaises pensées.* » L'axe vertical est ainsi solidaire de l'axe horizontal. Autrement dit, il est impossible de lever des mains *« saintes »* si nous sommes en colère contre d'autres frères ou sœurs. Cette consigne suggère encore une fois, la situation de crise qui existait à Éphèse où il semblerait que des discussions âpres existaient entre les hommes de cette église !

Les versets 9-10, Pour une phrase sévère adressée aux hommes, l'apôtre en adresse six aux femmes ! Pourquoi ? Préférait-il s'entretenir avec les membres du sexe *« faible »* ou avait-il des choses importantes à leur dire ? Existait-il des problèmes particuliers chez elles ?

Une lecture superficielle conduirait à la conclusion qu'avec les hommes Paul s'entretient de sujets spirituels comme la prière tandis qu'avec les femmes, il parle toilette ! Mais ce serait mal comprendre l'argument de l'apôtre car une parure peut bien en cacher une autre !

L'habillement est toujours porteur d'un message ! Certes le code vestimentaire varie d'une culture à l'autre mais personne n'a besoin d'être érudit pour se rendre compte que Paul s'adresse d'abord, et surtout, aux femmes aisées en leur parlant de *« coiffure recherchée, d'or, de perles ou de toilettes somptueuses »* (BDS). A cette époque gréco-romaine la femme se devait de se faire belle afin de faire honneur à son mari, mais elle ne devait pas exagérer. Or, les tresses et les bijoux dénotaient une moralité douteuse à laquelle le texte fait allusion, *« vêtues d'une manière décente, avec pudeur et modestie... »*. Comme, de toute façon, toute femme vit sous le regard d'autrui, Paul recommande qu'au lieu de passer trop de temps à se maquiller, « *elles se parent de bonnes œuvres comme il convient à des femmes qui font profession de servir Dieu.* »

Le verset 11 *« Que la femme écoute l'instruction en silence, avec une entière soumission. »* Schoeni attire notre attention sur le fait qu'à partir de ce verset, il n'est plus question « des femmes » mais de « femme » (sans article donc en grec.) Ce détail n'a pas échappé aux spécialistes mais l'interprétation est loin de faire l'unanimité ! Le terme *« femme »* (« γυνη » - « gunè ») signifie aussi *« épouse »* étant employé aussi bien pour décrire une femme mariée ou célibataire. Luther limitait ce passage à la femme mariée, enseignant qu'elle ne devait ni enseigner ni dominer son mari. Plus récemment Barrett et Griffiths ont suggéré que la relation entre mari et femme correspond mieux au sens général du texte. Hugenberger, dans une étude détaillée, établit un parallèle entre ce passage et 1 Pierre 3 :1-7, et conclut que l'épouse ne doit ni enseigner de manière autoritaire ni dominer son mari. Kuen, bien qu'admettant le poids indéniable des arguments de ce dernier, souligne que cela voudrait dire que la quasi-unanimité des traducteurs et exégètes se seraient trompés dans leur interprétation et que Hugenberger serait presque seul à soutenir sa thèse. Or, il est toujours dangereux, en matière d'interprétation, d'être le seul à avoir trouvé « la solution » ! Mais ce n'est pas la seule objection. Ce qui nous gêne est la distinction faite entre femmes mariées et célibataires ! Kuen poursuit donc son examen du texte dans le cadre du ministère de la femme dans l'église, qu'elle soit mariée ou non. Padgett et Schoeni suggèrent que Paul fait déjà allusion à Eve ici, comme c'est clairement le cas à partir du v.13. Ainsi, au v.11 *« femme »* serait une sorte de personnalité collective représentée par les filles d'Eve à Éphèse. Schoeni souligne que dans le texte hébreu de la Genèse, Eve est appelée simplement *« femme »* (« ischa »). Ce n'est qu'après la chute qu'on lui donna le nom d'Eve (« vie »). Il affirme que ce genre d'actualisation se pratiquait couramment chez les juifs de l'époque et, notamment à Qumran. Il a peut-être raison mais Paul originaire de Tarse, hébreu né d'hébreux, citoyen romain, ayant étudié « aux pieds de Gamaliel » à Jérusalem, aurait-il fait de tels recoupements ? Ce n'est pas impossible, affirmant lui-même s'être comporté comme un Juif avec les Juifs et comme un Grec avec les Grecs, mais ce n'est sûr. Pour l'instant nous préférons laisser la question en suspens...seule une analyse détaillée des vv. 13 et suivants permettra de confirmer ou d'infirmer cette hypothèse.

Une autre question concerne le sens du mot *« silence. »* Faut-il traduire *« en silence »* ou *« tranquillement ? »* (« ἡσυχία » - dérivatif = hésuchia – « tranquille »). Le terme employé peut signifier l'un ou l'autre mais, compte tenu du fait que l'apôtre emploie ce même verbe au v.2 et que là il s'agit d'une *« vie tranquille »* il est plus que probable que ce terme a le même sens ici. Or, si l'on désire que « femme » apprenne tranquillement, avec attention et respect, cela ne signifie pas forcément le mutisme !

Le verset 12 *« Je ne permets pas... »* Paul donne-t-il un ordre général applicable aux générations futures ou définit-il un désir personnel limité aux circonstances d'Ephèse ? L'emploi du présent de l'indicatif *« je ne permets pas »* au lieu de l'impératif *« ne permet pas »* a conduit certains interprètes à conclure que Paul parle d'une préférence personnelle, dans le cadre d'une restriction temporaire imposée à certaines femmes à cette église. Une telle « solution » arrangerait beaucoup de personnes, et il est vrai que nous devons tenir compte du contexte historique et des circonstances particulières. Mais, il ne faut pas oublier que Paul était apôtre, inspiré par l'Esprit Saint, et que ses paroles, même gênantes pour certain(e)s, se trouvent dans la Parole de Dieu, seule règle de foi et de pratique. Suggérer donc que nous nous trouvons confrontés par l'opinion personnelle d'un vieil homme misogyne, est certainement faire fausse route, surtout lorsque nous tenons compte des autres textes et exemples déjà étudiés.

Apprendre ou enseigner ? That is the question ! *« Enseigner »* (v.12) s'oppose manifestement à *« apprendre »* (v. 11.) Autrement dit, *« femme »* est une élève et non une enseignante. Il semblerait donc qu'a Ephèse, « Eve » aspirait au rôle d'enseignante, peut-être même à prendre la place du maître Timothée ou l'un de ses collaborateurs. Mais que signifie *« enseigner »* ? Que signifie *« prendre autorité » ?*

- « **Enseigner** » - « δίδασκω » - « didasko ») est un terme qui englobe une multitude d'aspects du ministère de la parole, depuis l'évangélisation (Jésus « enseignait » les foules) au sens le plus limité de « faire avancer les gens dans la foi en les encourageant à vivre, à penser, à parler et à agir dans l'obéissance à la Parole de Dieu. » Or, plusieurs interprètes pensent que c'est le sens le plus limité qui est visé car l'enseignement est lié à l'exercice d'une forme d'autorité. Avant d'arriver rapidement à une telle conclusion, il faut bien définir le mot « autorité » unique dans tout le Nouveau Testament. Ainsi, la plupart des exégètes, y compris Bilézikian, y voient l'enseignement apostolique, donc un enseignement d'autorité. Comme le fait remarquer Kuen, *« ce ministère de docteur était d'autant plus important à une époque où il n'existait pas encore le Nouveau Testament pour servir de norme à l'enseignement. »* Bilézikian, pour sa part, ajoute, *« Avant la rédaction et la canonisation des livres du Nouveau Testament, les docteurs étaient les dispensateurs de la vérité chrétienne. Leur autorité était absolue et normative. A présent l'autorité réside dans le texte biblique et non dans la personne* *qui l'enseigne. L'enseignant, aujourd'hui, ne fait que partager sa connaissance et sa compréhension de l'Ecriture.* » Il est certain qu'il existe une distance énorme entre l'autorité de l'enseignement au 1er siècle et aujourd'hui. Comme Kuen fait remarquer : *« Aujourd'hui, bien des femmes enseignent à tous les niveaux, jusqu'en faculté, ce qui eût été inconcevable au 1er siècle. »*

En réalité, c'est la suite du passage qui nous révèle le climat à Ephèse. Au lieu d'écouter Timothée et ses collaborateurs, les femmes présentes écoutaient bien d'autres *« voix. »* Elles cherchaient à renverser les structures conventionnelles, à s'approprier le pouvoir afin d'agir à leur guise ! Comment pourrions-nous expliquer autrement l'enseignement (valable et accepté) de Prisca, collaboratrice de Paul, associée à son mari, certes, mais enseignante quand même, car cet acte d'autorité décrit dans les Actes semble être en contradiction à cette interdiction faite aux femmes Ephèse d'enseigner ?

- **« Prendre autorité »** (« αυθεντείν » - « authentein ») signifie s'imposer, dominer, usurper l'autorité (ces 2 dernières définitions ne datent que du 3ème siècle). En réalité, ce terme couvre une multitude de significations et de situations, allant de la violence des parents qui, parfois, tuèrent leurs propres enfants, à la proclamation d'autonomie totale, se proclamant soi-même l'auteur et l'origine de quelque chose. C'est ainsi que se confirme notre idée exprimée plus haut. Nous avons déjà vu que les femmes ne furent pas totalement écartées de l'enseignement car l'apôtre Paul lui-même, dans Tite 2 :3, enseigne que les femmes âgées doivent être des *« enseignantes en ce qui est bon. »* Il nous faut donc prendre en compte l'existence de femmes enseignantes dans l'église de Crête dans notre interprétation de l'interdiction de 1 Tim.2 :12. Schoeni, dans ses recherches, a trouvé une signification également trouvée par Kroeger, *« se déclarer l'origine de »* quelque chose, mais il avoue que cette traduction dépend de l'interprétation que l'on donne aux deux versets suivants. Il propose lui-même une traduction avoisinante mais non identique, *« d'être sa propre origine »* ou *« se déclarer indépendant(e) de. »* Ces versets constituent un véritable casse-tête pour les exégètes concernant la personne responsable de la chute. S'il est vrai que la tradition rabbinique a fait porter à la femme la responsabilité première, le texte biblique affirme que c'est lorsque « l'homme » mangea du fruit défendu, que la sentence capitale a été prononcée - et elle ne concerne que lui. Comme le fait remarquer Bilézikian, *« Adam a entendu l'interdiction de manger de l'arbre directement de Dieu, Eve ne l'a entendue que par l'intermédiaire de son époux. »* Kuen, de qui nous tenons ces propos, hésite toujours, cependant. Il se demande si la femme ne peut pas enseigner parce qu'elle serait plus facile à tromper. Or, à tout maître, tout honneur ! Kuen ne prend pas de raccourcis et il examine les textes et leurs implications. Schoeni, pour sa part, propose une solution timide suggérée par Padgett. Selon lui, Paul ferait appel ai une sorte de *« fusion des* *horizons »* entre Eve et ses *« filles »* d'Ephèse. Paul verrait donc la situation d'Ephèse comme étant le reflet de cette situation du jardin d'Eden. Eve aurait dû se garder de se croire indépendante compte tenu du fait qu'elle fut créée après l'homme et que son existence ne saurait se comprendre sans lui !

Même si le fait n'apparaît pas dans les traductions françaises, le verset 14 insiste sur le fait qu'Eve *« fut complétement séduite !»* Or, l'apôtre emploie exactement le même procédé dans 2 Cor.11 : 2-3 où il compare la séduction d'Eve à celle des Corinthiennes, qui, telles des jeunes filles naïves, se laissaient attirer par des *« faux apôtres »*. De la même manière donc, ces jeunes dames d'Ephèse, ces *« Eves »* du 1er siècle, se laissaient *« séduire »* par les encratites ! Or, comble de l'ironie, ce sont ces mêmes encratites, avocats de la chasteté, qui sont représentés, de manière métaphorique, comme étant des séducteurs !!

Le texte ne précise pas qui est l'antitype d'Adam dont il est question ici. S'agit-il du Christ, comme au 5 :11 ou de l'enseignant (Timothée) sur place ? La question se pose puisque l'apôtre fait la comparaison entre l'apprentissage et l'enseignement ! Padgett conclut que comme Eve aurait dû écouter Adam au lieu d'agir de son propre chef, de même les femmes d'Ephèse auraient dû écouter Timothée au lieu de suivre leurs propres voies ou d'écouter les encratites qui essayaient de bouleverser l'ordre établi ! Or, Schoeni observe que le texte ne parle ni d'écoute, ni d'Adam ni du serpent ! Il préfère donc laisser implicite la portée du texte et la laisser en suspens. Il suggère donc une comparaison entre 2 Cor. 11 et 1 Tim. 5 : 11, c'est-à-dire une identification d'Adam avec son antitype classique dans les écrits du Nouveau Testament - le Christ !

Le verset 15 « *<u>elle</u> sera sauvée grâce à sa descendance [en devenant mère]. Quant aux femmes, <u>elles</u> seront sauvées si elles persévèrent dans la foi, dans l'amour, et dans une vie sainte en gardant en tout le sens de la mesure »* (BDS). Au départ, il est question *d'« Eve »* en tant que *« femme »*. Non celle du jardin d'Eden, ni celle de Bethléhem (interprétation adoptée par de nombreux Pères de l'église) mais de celle, actualisée à Ephèse. Nous avons délibérément choisi la traduction BDS car c'est la seule qui souligne le changement grammatical de taille au milieu du verset. Paul passe soudain du singulier au pluriel Or, le *« salut »* dont il est question implique non seulement la maternité mais aussi la persévérance - il est donc envisagé au « présent continu » - comme un chemin à suivre. Cette structure ressemble à celle que nous trouvons dans 1 Cor. 1 :18, *« Car la prédication de la croix est une folie pour ceux qui périssent ; mais pour nous qui sommes sauvés, elle est une puissance de Dieu.* Le passage souligné est aussi au présent continue : *« en train d'être sauvés... »* Cela dit, les termes employés pour Ephèse sont légèrement différents : la persévérance dont il est question pour les chrétiennes de cette église-ci est celle qui passe par le mariage et par la maternité ! Pourquoi ce changement si ce n'est à cause du fait que ce fut cette voie-là que les « Eves » d'Ephèse refusaient ? Ce que l'apôtre désire souligner donc, c'est que si ces femmes ne se rangeaient pas aux normes acceptables et bibliques sur le plan social, elles risquaient alors de se trouver en danger de mort sur le plan spirituel. Il fallait qu'elles persévèrent *« dans la foi, dans l'amour et dans la sainteté... avec modestie »* ... et nous voilà confrontés à un terme déjà employé au v.9, (sobriété ou modestie) vertu que manifestaient les femmes sages, les femmes *« rangées »* en opposition avec celles qui suivaient la doctrine « encratite » !

Schoeni avance deux arguments pour justifier son interprétation du texte, Le premier se trouve dans cette même épître au ch.5 où Paul donne d'autres consignes au sujet des veuves. Il faut encore préciser que le terme « veuve » (« χήρας ») a un champ sémantique plus étendu que le mot français. Il peut, selon le cas, désigner une veuve, une femme séparée ou divorcée, et même une célibataire ayant fait vœu de célibat. Paul s'occupe d'abord des *« vraies veuves »* et celles décrites comme ayant plus de 60 ans, ayant été l'épouse d'un seul mari, ayant élevé des enfants, exercé de l'hospitalité, lavé les pieds des saints, secouru les malheureux et recherché toute œuvre bonne (vv.9-10) - ce sont ces veuves-là, affirme l'apôtre, sans enfants et petits-enfants qui ont le droit d'être *« honorée »* par l'église, soutenues financièrement donc par elle. Il s'agit manifestement de la bonne gestion de l'argent du Seigneur mais aussi de la responsabilisation des membres de la famille (v.4). Il semblerait donc que le rejet des « structures sociales » dont nous avons déjà parlé, ait conduit certains enfants et petits-enfants à ne plus s'occuper de leurs parents proches, fussent-ils dans le besoin ! Or, affirme Paul sans ambages, une telle personne a renié la foi et elle est pire qu'un infidèle » (v.8)

Mais il est aussi question des jeunes et des « fausses » veuves. Les jeunes veuves pouvaient désirer se remarier et à ce moment-là il n'y avait aucune raison qu'elles soient à la charge de la communauté chrétienne d'Ephèse. Puis l'apôtre fait allusion à « un engagement » que certaines auraient pris (v. 12). Schoeni pense que cette évocation laisse supposer le choix d'un style de vie célibataire sur la base d'un *« mariage spirituel »* avec vœu de chasteté et qu'une situation analogue existait déjà à Corinthe. C'est possible mais, encore une fois, il n'y aucune preuve que cela fut le cas ! Quoiqu'il en soit, il semblerait que certaines de ces jeunes *« veuves »* furent issues de milieux aisés (voir les « toilettes somptueuses » au ch.2 : 9-10) ! Non seulement Paul désire que ces personnes se marient parce que c'est un moyen d'éviter la tentation de l'oisiveté, de bavardage et des intrigues (v. 13), il le désire afin de ne donner aucune occasion aux adversaires de l'église de dénigrer le comportement de ces chrétiennes. Il y avait, donc médisance et peut-être pire, une hostilité déclarée de la part de la société et peut-être, déjà, des autorités (le droit romain faisait obligation à toutes les femmes de moins de 60 ans d'avoir un mari !) Paul souhaite donc que ces jeunes femmes se marient et qu'elles aient des enfants - personne ne trouverait alors quelque chose d'anormal dans le comportement des membres de cette église. Or, quelques-unes, affirment l'apôtre, s'étaient déjà détournées pour suivre Satan. Nous voyons, encore une fois, le souci qu'avait l'apôtre d'un bon témoignage au milieu d'une société païenne,

Le deuxième argument de Schoeni est basé sur des livres apocryphes (les Actes des apôtres), écrits pour la plupart vers la fin du 2ème siècle. Tous ces écrits racontent l'histoire de femmes qui étaient séparées de leur mari, ou des fiancées qui avaient brisé leurs fiançailles, ou encore de jeunes vierges qui avaient renoncé au mariage, pour suivre Jésus en faisant vœu de chasteté. Beaucoup de spécialistes s'accordent pour attester que ces écrits furent rédigés par des communautés de « veuves », c'est-et-dire par des encratites. Nombreux sont les récits qui témoignent de violences sexuelles, ce qui expliquerait pourquoi ces femmes avaient un tel dégoût de l'acte sexuel. La sexualité y est décrite comme le Mal par excellence. Autrement dit, l'encratisme trouva ses racines dans l'expérience vécue de ces femmes.

Schoeni avance donc l'hypothèse suivante : les *« veuves »* d'Éphèse et d'ailleurs étaient des écorchées vives. Encouragées par des prédicateurs itinérants encratites, et peut-être, pourquoi pas, attirées par l'enseignement de Paul lui-même - dans 1 Cor.7 : 4, où il émet le jugement, incroyable pour l'époque, que la vie sexuelle dans le couple doit être régie par consentement réciproque - elles décidèrent de prendre leur destin en main en ne comptant sur l'aide d'aucun homme, mais sur Christ seul, leur fiancé spirituel.

Nous voyons donc que cette première lettre de Timothée qui contient un texte énigmatique nous a conduit bien loin. De nombreuses questions restent toujours en suspens... Quel rôle y a-t-il pour la femme dans nos églises contemporaines ? Une femme peut-elle prier ; peut-elle prophétiser ; peut-elle enseigner à l'école de dimanche ; peut-elle être missionnaire ; peut-elle être élue diacre ; peut-elle faire partie du conseil de l'église ; peut-elle prêcher ? Les réponses seront variées ! C'est certainement dans ces derniers domaines où l'éducation, les sentiments et les sensibilités entrent le plus en jeu. Et pourtant, même Kuen admet que *« dans l'église, toute autorité est une autorité déléguée - par le Seigneur d'une part, par l'église d'autre part. En fait, l'église constate le don fait par le Seigneur à une personne et elle lui confère officiellement le droit, la charge et l'autorité pour exercer ce don. »* Puis, il pose la question : *« et s'il s'agit d'un don d'enseigner ? »* Aucun problème, conclut-il pour l'enseignement des enfants, des femmes et éventuellement des jeunes gens et des jeunes filles. Il ajouter *« si nous acceptons l'exégèse de 1 Tim. 2 :12, 'ne pas enseigner en prenant une autorité (indépendante) sur l'homme', il reste aussi, au-delà de ces domaines définis plus haut, un large champ d'activités possibles pour une femme ayant reçu le don d'enseigner, c'est-à-dire toutes formes d'enseignement où la femme ne prend pas une autorité indépendante sur l'homme. Ce sera, par exemple, le cas chaque fois qu'elle enseigne sous l'autorité – et sous la responsabilité - des anciens, en particulier de celui ou de ceux d'entre eux plus spécialement chargé(s) du ministère d'enseignement le(s) `docteur(s)' de* *l'église locale. »* Même Grudem et Piper admettent que *« 1 Tim. 2 :12 ne constitue pas une interdiction absolue d'enseigner »* et citent plusieurs passages comme Tite 2 : 3-4 ; 1 Cor.14 : 31 et Col .3 :16. Ils ajoutent cependant, *«la femme peut enseigner à deux conditions : avec l'accord des anciens et en évitant les situations où elle exercerait de facto le rôle de `berger' ou dispenserait un type d'enseignement dont la nature même suppose une pression vigoureuse de la part de Dieu et avec son autorité, sur la conscience des hommes. »* David Watson, pour sa part, dit : *« normalement la direction doit rester entre les moins de l'homme, mais lorsqu'elle est bien comprise et exercée, elle donne simplement à la femme la protection ou `couverture' dont elle a besoin pour exercer le ministère que Dieu lui a confié, quel qu'il soit. Cela lui donne l'autorité d'agir sous la direction masculine de l'église, et dans ce sens, son ministère devrait être accepté par toute l'église. »* En fin de compte, *« ce qui est interdit aux femmes c'est seulement l'office du docteur et de direction des hommes et de toute l'Eglise »* (Elisabeth Huser),

Nous pensons que nos lecteurs apprécieront l'embarras apparent de cette aile conservatrice qui, tout en désirant honorer le ministère féminin, reste bloquée par cette notion de hiérarchie que nous avons trouvée à plusieurs reprises. Bien que reconnaissant une certaine ouverture au ministère féminin, il ne nous semble pas prouvé qu'elle tient suffisamment compte du rôle de Déborah ou de Huldah dans l'Ancien Testament, ni celui de Prisca, de Phoebé et peut-être de Junia(s) dans le Nouveau, sans parler des nombreuses missionnaires qui travaillent (encore) dans des postes pionniers et où, à cause de leur connaissance biblique, enseignent aux hommes le message de l'Evangile. Nous avouons ne pas comprendre que l'on puisse refuser *« l'office du docteur »* dans l'Eglise alors qu'on l'accepte dans des Facultés de Théologie. Par quelle logique, les auteurs déjà cités acceptent-ils de confier la mission d'écrire un commentaire à une femme qualifiée tout en lui refusant toute prise de parole dans une assemblée ? Si une femme ne peut pas enseigner, pourquoi l'accepter en tant qu'étudiante de théologie ?

Nous avons la conviction qu'il faut prendre en compte l'ensemble des données bibliques et, dans une tentative globale d'harmonisation, tenter d'interpréter les textes de Paul d'une manière rigoureuse certes, mais en tenant bien compte du contexte dans lequel ces consignes furent données !

Chapitre 6

La femme dans la famille : La soumission réciproque

Éphésiens 5 : 22-33

Jusqu'ici nous avons examiné le statut et le rôle respectif de l'homme et de la femme à travers la Bible, en nous penchant davantage sur le statut et le rôle de la femme, tant la condition féminine a été négligée depuis des millénaires. C'est ainsi que nous avons examiné le dessein créationnel divin et comment ce dessein a souffert à cause du péché tout au long de l'histoire. Nous avons vu, cependant, le rôle que plusieurs femmes exceptionnelles ont joué sous l'Ancienne Alliance, puis, à l'époque de Jésus, comment ce dernier a renouvelé leur statut bafoué par la tradition de son époque. Avec le début de l'œuvre missionnaire de l'église du Nouveau Testament, nous avons constaté à quel point plusieurs femmes ont contribué au ministère d'implantation d'églises nouvelles, à la formation de prédicateurs et à la protection de chrétiens menacés. Nous avons aussi relevé comment l'apôtre Paul avait souligné l'importance de ses collaboratrices dans son ministère, et cela, non pas dans des rôles subalternes mais bien en vue ! Nous avons donc essayé, à travers les études précédentes, de comprendre le sens des interdictions apparentes de ses épîtres, privant ainsi la femme de tout ministère d'enseignement. Il nous reste à examiner un dernier texte, celui d'Ephésiens 5 : 22-32 où il est question des rôles respectifs de l'homme et de la femme au sein du couple, rôles qui, inévitablement, entraînent des répercussions dans le contexte plus large de l'Eglise.

Au chapitre précédent, nous avons vu que la première lettre, adressée à Timothée, tenait vraisemblablement compte des circonstances locales où des problèmes locaux secouaient l'église où il se trouvait. Pourquoi l'apôtre Paul, rédacteur de cette lettre à Timothée et de celle adressée aux Ephésiens, n'y fait-il aucune allusion au moment où il écrit cette épître ?

Certains spécialistes pensent que la lettre aux Ephésiens était une lettre circulaire et ne concernait pas l'église d'Ephèse uniquement. D'autres avancent l'hypothèse que cette lettre fut d'abord adressée aux Ephésiens mais qu'elle était aussi destinée à d'autres églises d'Asie Mineure. Quoi qu'il en soit, nous ne sommes pas d'accord avec l'affirmation de F. Horton, *« le temps des controverses semble révolu. Paul ne condamne plus des schismes (1 Corinthiens), ne défend plus sa vocation apostolique (2 Corinthiens) ne conteste plus l'enseignement des judaïsants (Galates) ou des gnostiques (Colossiens.) Maintenant, ayant atteint le sommet de sa connaissance et de son expérience, il contemple les desseins de Dieu d'éternité en éternité. Il nous invite à comprendre l'incompréhensible, à. saisir l'insaisissable et à atteindre l'inaccessible.* » Si la deuxième partie de son affirmation nous entraîne vers les sommets de l'adoration, il nous semble que la première partie ne tient ni suffisamment compte de la nature « générale » de cette lettre ni des informations recueillies par ailleurs !

En effet, une lecture attentive de cette lettre révèle de nombreuses ressemblances avec celle adressée aux Colossiens ! Outre cette remarque, la question suivante mérite d'être posée : toutes les églises d'Asie Mineure, se trouvaient-elles dans les mêmes conditions que celles d'Éphèse ?

Il nous semble donc difficile d'admettre que « le temps des controverses était révolu. » ! Il est certes vrai que cette lettre *« brosse une fresque grandiose du plan de Dieu pour le salut de l'humanité depuis l'éternité précédant la création du monde, jusqu'à celle qui suivra le déroulement de l'histoire humaine. Revenant ensuite aux réalités terrestres, elle nous montre comment ce plan se réalise dans la vie quotidienne de ceux qui ont accepté Jésus-Christ comme Sauveur et Seigneur.* » (A Kuen) Ce même auteur souligne également que l'apôtre fait l'éloge de la foi et de l'amour de ses lecteurs mais n'adresse aucun reproche précis, comme dans ses autres lettres à des églises particulières. Cela dit, si l'église d'Éphèse n'était pas la seule destinataire, même si elle figurait en tête d'une liste des communautés auxquelles une lettre aurait été adressée, en excluant l'idée d'une lettre 'circulaire', cette absence de reproches n'explique pas tout ! Cela voudrait-il dire qu'aucune des églises, destinataires possibles de cette épître, n'avait rien à se reprocher ? Comme nous allons le voir plus loin, il nous semble que, même si Paul n'en parle pas directement, il fait quand même allusion aux influences diverses qui faisaient pression sur cette église et sur celles de cette région à cette époque-là !

Nous avons beaucoup parlé de la ville d'Ephèse au chapitre précédent car ce fut là que Timothée exerça son ministère. Un des aspects du culte d'Artémis que nous n'avons pas mentionné est que le culte de l'empereur était assimilé, peu à peu, à l'adoration de Diane.

Comme nous l'avons déjà suggéré, l'église d'Éphèse n'était sans doute pas la seule destinataire de cette épître. En effet, l'inscription « aux Ephésiens » ne figure pas dans les meilleurs MSS, Cette absence a provoqué beaucoup d'interrogations de la part des spécialistes mais notre but n'étant pas d'analyser l'ensemble de ces hypothèses, nous nous contenterons d'avancer celle généralement admise parmi les évangéliques, à savoir, une lettre provenant de l'apôtre Paul, destinée à l'église d'Éphèse mais aussi à d'autres églises comme ce fut le cas de l'épître aux Colossiens qui fut destinée également à celle de Laodicée et vice versa (voir Col. 4 : 16), Nous suggérons donc que la lettre « aux Ephésiens » a été adressée à un cercle restreint de chrétiens (1 : 1 -1 5ss) auxquels Tychique a pu rendre visite !

Kuen conclut que la question des destinataires est intimement liée à celle du but de la lettre. Il affirme (comme Horton) que *« contrairement à la plupart des épîtres pauliniennes...l'épître aux Ephésiens ne combat aucune hérésie, le ton est calme, didactique et exhorte les chrétiens de manière positive - l'apôtre lutte seulement contre les péchés caractéristiques des païens. »* Cette affirmation nous conduit à revenir à ce que nous avons déjà dit : si le caractère théologique de cette épître et l'absence de critiques précises contre une hérésie précise, laissent supposer que « *le temps des controverses était révolu* », n'est -il pas permis de penser que la raison du caractère « positif » de l'épître, rappelant, comme elle le fait, les fondements de la foi chrétienne, indique que son caractère « général » est dû au fait qu'elle était destinée à plusieurs églises et non à une seule? Voilà pourquoi nous trouvons « téméraire » la position adoptée par Horton et, apparemment, par Kuen !

Hormis ces réserves, nous trouvons judicieuse l'analyse générale de Kuen lorsque, en cherchant à décrire le but de cette épître, il suggère que l'apôtre ait eu un but didactique, à savoir qu'il désirait approfondir la foi des chrétiens issus du paganisme et convertis au début de son ministère. Compte tenu du contexte historique que nous avons déjà mentionné, nous aimerions ajouter que les destinataires probables risquaient d'être entraînés à *« tout vent de doctrine »* car la lettre aux Colossiens et les recommandations données à Timothée, « responsable » ou pasteur de cette église d'Éphèse, montrent qu'il fallait y veiller avec discernement !

La partie « doctrinale » de l'épître cède la place à un appel à l'unité, à la fois sur le plan de l'enseignement et sur le plan « pratique », notamment entre les chrétiens d'origine juive et ceux d'origine 'païenne' (1 : 1 : 10-13 ; 2 : 2-3, 11-13, 15-16, 18). Contrairement à beaucoup de thèses actuelles, concernant le « rôle spécial ou 'spécifique' du peuple juif », l'apôtre Paul affirme clairement que les « païens » sont « cohéritiers » de la promesse faite aux juifs et qu'ils forment « un même corps » grâce à Jésus-Christ au travers de l'Evangile. Paul n'attaque pas les juifs dont il faisait partie car il avait compris le plan grandiose de Dieu : que Juifs et non Juifs bénéficient de la même promesse ! Selon lui, en Christ, Juifs et non Juifs forment ensemble le peuple de Dieu. Il affirme donc qu'il ne faut pas avoir un esprit étroit et exclusif ; il désire que ses lecteurs expérimentent l'amour de Dieu dans toute sa plénitude ! N'oublions pas que les religions à 'mystères' proposaient une telle plénitude à travers une série de rites initiatiques ! L'argument de Paul est basé sur le principe que l'unité de l'Esprit est conservée lorsque les uns et les autres reconnaissent les dons d'autrui, sachant que l'ensemble des charismes, accordés par Dieu, doit contribuer forcément à l'édification du corps de Christ. Notons qu'il s'agit là, en réalité, d'une affirmation positive d'un problème déjà abordé dans la lettre adressée aux Corinthiens ! Paul va dénoncer les obstacles à cette unité au chapitre 4 ! (Pour plus de renseignements nous renvoyons nos lecteurs à « *L'Introduction au Nouveau Testament* » [*Les Lettres de Paul.* A Kuen]

Kuen conclut que cette épître avait un but prophylactique et que, envoyée en même temps que celle adressée aux Colossiens, l'apôtre ne pouvait faire abstraction de la menace qui planait sur toutes les Eglises. Il est vrai que, dans l'épître aux Colossiens, Paul donne un exposé approfondi de la vérité concernant la personne de Christ, mais dans l'épître aux Ephésiens, son enseignement est plus vaste ! Il enseigne les grandes doctrines au sujet de l'œuvre de Dieu, de Jésus-Christ et du Saint-Esprit, de la vocation de l'église, corps universel de Christ dans lequel se retrouvent tous les vrais croyants. En rappelant donc que le Seigneur a établi, dans l'église, des apôtres, des prophètes, des évangélistes et des pasteurs - docteurs en vue du perfectionnement des croyants et de leur perfectionnement spirituel (4 : 11-13), ces derniers ne devaient pas se laisser emporter à « tout vent de doctrine » (4 :11). Kuen arrive donc à la conclusion que *« ces différents buts : didactique, conciliatoire et prophylactique confirment l'hypothèse ... que cette épître n'était pas destinée principalement à l'église d'Éphèse mais à l'ensemble des communautés nées indirectement du ministère de Paul dans la province d'Asie et qu'il pouvait donc, à juste titre, considérer comme étant de son ressort. »*

Comme nous l'avons vu plus haut, la nature « générale » de cette épître expliquerait l'absence d'argumentation polémique ou de discussion d'un point de doctrine particulier mais, comme nous allons voir, certains sujets abordés dans les autres épîtres ne manquent pas dans cette lettre aux Ephésiens.

A ce propos, il est particulièrement instructif de voir la chronologie des lettres du Nouveau Testament afin de découvrir, partiellement, la raison d'être de certains problèmes.

Il est généralement admis que l'épître aux Galates fut rédigée en premier, peut-être lors du 2ème voyage missionnaire de Paul. Or, l'essentiel de son message consista à combattre des prédicateurs d'origine juive qui avait dénigré son apostolat et insisté sur le respect de la Loi de Moïse, des fêtes juives et de la circoncision. D'autres chrétiens avaient pris le prétexte de la liberté chrétienne pour s'adonner à des pratiques déshonorantes. Nos lecteurs se souviendront que le Concile de Jérusalem (Actes 15) fut consacré au rôle de la loi mosaïque dans les églises naissantes. Toujours pendant son 2ème voyage missionnaire, l'apôtre, depuis Corinthe, adressa deux lettres à l'église de Thessalonique. Toujours obligé de défendre son apostolat, (ce qui suggère toujours des calomnies de la part des judaïsants) il enseignait que la nouvelle foi exigeait de vivre dans la sainteté et il donne quelques précisions concernant la résurrection des morts et le retour du Seigneur. Dans sa deuxième lettre, écrite vraisemblablement peu de temps après la première, Paul corrige une erreur manifeste au sujet du retour du Seigneur, car certains Thessaloniciens avaient conclu que la persécution dont ils étaient victimes signalait le retour imminent de Jésus. Paul mit donc en garde ceux qui pensaient que la foi impliquait une fuite hors du monde et des responsabilités qui en découlent.

Ce fut lors de son 3ème voyage missionnaire que Paul, séjournant justement à Éphèse, écrivit ses deux lettres aux Corinthiens, missives qui abordent les problèmes des « clans » au sein de l'église, des querelles et des cas d'immoralité. Il aborda aussi la question des dons spirituels et de leur exercice ainsi que la doctrine de la résurrection. Si Paul envoya sa 1ère lettre autour de l'an 56, des nouvelles alarmantes rapportées par Timothée provoquèrent une courte visite de l'apôtre. Une fois de retour à Éphèse, il écrivit une 2ème lettre dont Tite fut le porteur. Il ne s'agit pas de 2 Corinthiens qui se trouve dans nos Bibles mais d'une lettre perdue ! Après avoir reçu des nouvelles rassurantes de la part de Tite, rencontré en Macédoine, Paul rédigea la lettre que nous connaissons sous le titre « 2 Corinthiens ». Après avoir évoqué les relations tendues qui existaient entre lui-même et ses détracteurs à Corinthe, il aborda la question d'une collecte en faveur de l'église de Jérusalem.

Depuis Éphèse, Paul se rendit à Corinthe (en 57 ou 58) d'où il écrivit sa lettre aux chrétiens de Rome. Une femme, Phoebé, qui exerçait un ministère dans l'église de Cenchrées, à quelques kilomètres de Corinthe, fut chargée de leur apporter cette lettre. En ce qui concerne les thèmes principaux, ayant donné sa définition de l'Evangile, Paul affirma l'universalité du péché, tant au niveau des non-Juifs que des Juifs. Il déclara donc que le seul moyen pour être justifiés était par la foi en Christ. Après avoir répondu aux objections des adversaires de l'Évangile, il souligna le rôle de la Loi, précisant le sort d'Israël dans le plan de Dieu et terminant son épître par des recommandations pratiques au sujet des relations au sein de l'église et en dehors de celle-ci.

Paul se rendit ensuite à Jérusalem où il fut arrêté. Après une période d'incarcération à Césarée, il fut conduit à Rome où il subit une première période d'emprisonnement, vraisemblablement entre les années 60-63. Ce fut de sa prison qu'il écrivit ses lettres aux Éphésiens, aux Colossiens, aux Philippiens et à Philémon. Dans sa lettre aux Colossiens il évoqua le système philosophique d'inspiration grecque, où se mêlaient des croyances et des pratiques juives ainsi que des tendances ascétiques. Cette erreur ôtait à Jésus-Christ sa place unique comme seul intermédiaire entre Dieu et les hommes, de seul Sauveur, et faisait retomber les chrétiens dans le légalisme. Le thème majeur de la lettre aux Ephésiens est l'unité, celle qui doit exister entre Juifs et non Juifs, celle qui doit exister dans l'église malgré la diversité des dons, celle qui doit exister au sein de la famille et aux différents niveaux de l'échelle sociale. Il termine son épître en décrivant les armes nécessaires pour résister aux faux docteurs qui essayaient de séduire les Eglises voisines, comme celle de Colosses. Aux Philippiens, Paul réitère son appel à l'unité en y ajoutant l'humilité à l'exemple du Christ et il avertit aussi contre le légalisme.

Après une période de liberté provisoire pendant laquelle Paul a entrepris ses derniers voyages, il écrit à Timothée, responsable alors de l'église d'Éphèse, lettre que l'on situe autour de l'an 63. L'enseignement prend une grande importance, notamment pour lutter contre les erreurs qui se multipliaient et dont nous avons déjà parlé au chapitre précédent. Cette première lettre a été suivie d'une deuxième rédigée vraisemblablement entre l'an 66 et 68. Il est toujours question de demeurer fidèle à l'enseignement reçu et de combattre des enseignements erronés qui menaçaient les églises.

Nous avons entrepris ce parcours historique afin de montrer qu'une lecture attentive de cette lettre révèle la doctrine de la Seigneurie de Jésus-Christ, celle de l'universalité du péché et du salut par la foi. L'apôtre développe le thème de l'unité entre Juifs et non Juifs, insiste sur la nécessité de conserver l'unité de la foi afin de ne pas être ballottés à tout vent de doctrine. Comme dans ses autres épîtres, il insiste sur la nécessité d'une vie digne de quelqu'un qui est passé des ténèbres à la lumière et indique quel est le comportement qui devrait caractériser le chrétien rempli de l'Esprit. Compte tenu de ce que nous avons découvert dans notre étude de 1 Timothée, nous pensons que les recommandations adressées aux maris et aux femmes, aux enfants et aux parents, aux esclaves et aux maîtres ont un rapport direct avec l'enseignement des encratites qui désiraient tout renverser et dont nous avons déjà parlé. Voici donc une preuve supplémentaire, si besoin était, de l'inexactitude de l'affirmation : *« le temps des controverses semble révolu !»*

Venons-en donc au texte d'Éphésiens 5. Il nous semble que deux questions doivent retenir notre attention :

- Que signifie « la soumission » ? En quoi est-elle différente de l'obéissance demandée aux enfants ou aux esclaves ?
- Que signifie « tête » ou « chef » - (kephalè) dans ce contexte ?

Afin d'y répondre nous nous trouvons obligés, comme dans les chapitres précédents, de faire appel au contexte plus large et aux circonstances particulières de l'église d'Ephèse.

En ce qui concerne « *kephalè* » (tête ou chef), comme nous l'avons déjà vu, Bilézikian s'oppose à toute notion d'autorité. Nous avons déjà constaté, au chapitre trois, que ce terme contient un champ sémantique assez large, c'est-à-dire qu'il couvre plusieurs idées dans la langue française ! Nous avons parlé dans l'étude précédente, des conséquences qui en découlent, compte tenu du contexte. Or, Bilézikian semble vouloir s'accrocher à un seul sens. Il accepte bien que l'ensemble des textes du Nouveau Testament plaide en faveur d'une subordination à un supérieur, *« sauf, dit-il, lorsque le sens est modifié délibérément comme ici dans le v.21 »*. Certes, il a raison d'affirmer que le verbe traduit, *« soumettez-vous »*, ne se trouve qu'au v.21 ! La plupart de nos versions la répètent au v.22 sans aucune justification, sinon celle de vouloir « interpréter » le contexte ! Bilézikian conclut donc que « la soumission réciproque » v.21, comme il l'appelle, exclut toute notion de hiérarchie et donc toute idée de subordination ! C'est la raison pour laquelle il parle « *d'interaction horizontale entre égaux.* » Il affirme que l'idée de « soumission » implique une relation verticale et de domination du supérieur à son l'inférieur ! Si c'est le cas, il faudrait qu'il explique en quoi consiste une soumission mutuelle et comment elle fonctionne !

Bilézikian fait d'abord appel au contexte spirituel qui commence avec la plénitude de l'Esprit (v 18) et se prolonge logiquement par une reconnaissance envers le Père (v.20) et culmine par une crainte respectueuse du Fils (v.21.) C'est ainsi qu'il conclut que le succès de ce principe de soumission mutuelle dépend de la soumission au Dieu trinitaire. Il affirme donc, *« la soumission réciproque entre chrétiens n'est possible que si, à la base, il y a une commune reconnaissance de la suprématie de Christ. »* Ainsi comprise, la soumission mutuelle est le fruit de l'œuvre de la Trinité et ne peut être vécue que *« dans la crainte de Christ ! »* Il conclut donc que, dans la vie quotidienne, cette soumission réciproque implique que tout chrétien, quelle que soit sa situation, sa fonction, son sexe ou son rang, se mette, par amour, au service *« les uns des autres »* (Gal.5 : 13.) Il arrive ainsi à la conclusion que la soumission réciproque définie dans Eph. 5 : 18-2 1 constitue une relation de services réciproques vécus sous la Seigneurie de Christ. Il réaffirme donc que cette réciprocité exclut toute distinction hiérarchique, que ce soit au sein d'une église ou au sein d'une famille chrétienne !

Encore une fois, comme nous l'avons vu au chapitre 3, l'argument tourne autour du sens donné au terme « kephalè. » Bilézikian s'oppose à toute notion d'autorité hiérarchique tandis que Grudem parle « d'ordre créationnel. » Or, il nous semble téméraire de faire l'amalgame entre les relations abordées dans ce passage au point de traiter, de la même manière, les trois situations mentionnées par l'apôtre ! Si la relation entre mari et épouse se déroule dans un contexte de soumission réciproque, celles qui existent entre maîtres et esclaves et entre parents et enfants sont déterminées par l'obéissance ! Le terme employé est différent ! Cela dit, même avec cette précision, nous n'avons toujours pas résolu le problème !

Grudem, pour sa part, affirme que l'idée de soumission mutuelle ne se trouve dans aucun texte du Nouveau Testament ! Jamais, dit-il, on ne demande aux maris de se soumettre à leurs épouses, uniquement à ces dernières de se soumettre à leurs époux. Il poursuit en suggérant que cette soumission, à sens unique, est renforcée par l'illustration de l'attitude que l'Eglise doit avoir par rapport au Christ, son « chef » ('kephalè'.) Il conclut qu'il est impossible donc d'éviter une notion de soumission à une autorité « supérieure » rendant difficile l'interprétation de Bilézikian qui affirme qu'il n'existe pas d'idée de « supériorité » dans le terme « kephalè. »

Comme nous l'avons vu, ce dernier, pour soutenir sa thèse, affirme qu'il est toujours dangereux d'attribuer à un mot ancien la signification communément accepté aujourd'hui ! En soulignant cela il admet que, de nos jours, « kephalè » signifie « tête » ou « autorité » mais il refuse d'admettre que ce mot avait déjà cette signification dans le grec classique, comme Grudem prétend.

Compte tenu de ces données il est difficile pour le non-spécialiste de se forger une opinion objective ! Ayant examiné les deux facettes de l'argument, et tout en considérant le contexte biblique plus large, nous nous pencherons plutôt vers la thèse de Bilézikian même si nous ne le rejoignons pas dans tous les détails !

Pour revenir au texte, il est indiscutable que le terme « kephalè » se trouve dans le passage d'Ephésiens 5 : 21-33. Il serait facile de traduire ce terme par « autorité » comme la plupart des interprètes, mais si nous considérons les passages comme Eph.1 : 22 ; 4 : 15 ; 5 : 23 ; Col. 1 : 18 ; 2 : 10,19 nous arriverons à une autre interprétation. Reprenons donc ces passages dans l'ordre !

Bilézikian adopte la traduction de la TOB d'Éphésiens 1 : 22. Nous lisons ainsi : *« Il [Dieu] a tout mis sous ses pieds et il l'a donné, au sommet de tout, pour tête à l'église qui est son corps, la plénitude de Celui que Dieu remplit lui-même totalement. »* Or, les notes de la TOB indiquent : « Comme en Eph 3 : 19 et 2 :13, l'église appelée la plénitude du Christ (voir Col. 1 : 19) ». Elle est remplie des richesses de la vie divine par le Christ qui se trouve lui-même rempli par Dieu, selon l'affirmation de Col 2 : 9-10. On rejoint ainsi les expressions johanniques : le Père est dans le Fils, le Fils dans les disciples, les disciples dans le monde (Jean 17 : 11, 20-26.) Bilézikian conclut donc que la notion d'autorité est absente du contexte. C'est la puissance de Dieu, manifestée dans la résurrection de Christ et dans son exaltation au-dessus de toutes choses, qui est mise en lumière ici. Ce verset montre la transcendance absolue de Christ sur toutes choses.

En ce qui concerne l'église, cependant, ce verset contient deux images : celles des pieds et de la tête. Comment la tête agit-elle dans ses rapports avec les pieds ? Faut-il comprendre, comme on le ferait de nos jours, que c'est la tête qui commande les mouvements de l'ensemble du corps ? Bilézikian n'accepte pas cette conclusion et s'appuie sur le verset suivant affirmant que le rôle de la tête n'est pas de commander au corps mais de lui assurer tout ce qui est nécessaire à sa croissance et à son plein épanouissement. *« Ainsi, conclut-il, Christ, en tant que 'kephalè' de l'église, est la source de sa vie et de son développement. Toute notion d'autorité est absente de ce passage ! »*

Il en est de même dans Eph. 4 : 15-16 puisque Paul, ayant affirmé que Christ est la tête de l'église, place cette affirmation dans un contexte de croissance. Autrement dit, la tête fournit tout ce qui est nécessaire à la cohésion et au développement du corps. Bilézikian conclut ici aussi que le mot « tête » ne comporte aucune idée d'autorité.

En abordant Eph. 5 : 23, Bilézikian constate que l'apôtre Paul reprend les mêmes termes qu'auparavant : « *Christ est la tête de l'Eglise* » mais qu'il ajoute, pour notre compréhension, *« lui, le Sauveur de notre corps »* (TOB). Il affirme donc que le rôle de la tête est de sauver - thème développé plus loin au verset 25, puis au v.29. Il arrive toujours donc à la conclusion que, une fois de plus, Christ est la source de la vie de l'Eglise, c'est lui qui la nourrit et qu'aucun élément de ce passage ne suggère une forme d'autorité et ne devrait donc pas être traduit par « chef » !

Cela dit, Bilézikian admet qu'à première vue il peut paraître étrange que l'apôtre Paul utilise le rôle de serviteur, assumé par Christ, comme argument en faveur de la soumission de l'épouse. Il explique ce paradoxe apparent en faisant appel à la soumission mutuelle dont il est question au v.21. L'Eglise se soumettrait ainsi à Christ à cause de l'œuvre accomplie en sa faveur dans son rôle de « serviteur. » De même donc, selon Bilézikian, la femme se soumet à son mari pour payer en retour, dans une soumission réciproque, cet amour qui s'est sacrifié pour elle (vv.24-25).

Il faut bien admettre que ces mêmes idées se trouvent dans les passages parallèles de Col. 1 : 18 où le Christ est décrit comme étant la source de la cohésion de l'Eglise, thème développé également dans Col. 2 : 19 où, une fois encore, la tête assure que toutes les jointures et articulations du corps produisent une croissance qui, elle-même, vient de Dieu. Le corps tire de la tête les énergies vitales qui rendent possible cette cohésion et cette croissance. Ainsi, conclut Bilézikian, le mot « tête » ne supporte pas la traduction « chef » que nous retrouvons dans des versions comme Darby, Segond et La Colombe, mais « tête » que nous retrouvons dans la TOB ou Français Courant, La Bible du Semeur, quand elles, parlent « de Christ, qui est le chef, la tête... » !

Bilézikian fait encore appel à l'illustration de l'interdépendance des croyants de Corinthe pour renforcer sa thèse. Ainsi, affirme-t-il, « l'emploi du mot 'tête' en 1 Corinthiens, Ephésiens et Colossiens nous contraint à la conclusion que, dans le Nouveau Testament, ce terme, 'tête' n'exprime pas l'idée d'autorité ou de chef mais celle de source de vie et de croissance. » Pour arriver à sa conclusion il s'appuie sur le travail de Grudem en ce qui concerne le terme grec « kephalè ». Il déduit donc que Christ, la tête, joue un rôle de serviteur et non de chef et il conclut, par conséquent, qu'aucun texte du Nouveau Testament ne donne au mari, en tant que tel, une autorité quelconque sur sa femme ! Il trouve donc regrettable (et il a raison !) que nos traductions du Nouveau Testament, à quelques exceptions près, traduisent « tête » par « chef » et affirment que les termes de « source », de « serviteur », ou de « providence », auraient mieux cerné la réalité que recouvre le mot « tête » dans la Bible, évitant ainsi bien des malentendus !

Il n'en reste pas moins vrai que certains traducteurs, y compris des plus modernes, ont choisi, comme l'exige le grec classique et moderne, de traduire le terme « kephalè » par « autorité » ou par « chef » !

Or, le passage devant nous, à savoir Eph.5 :18-33 se situe dans un cadre bien précis dont le verset 21 constitue la charnière. Nous affirmons cela parce qu'il complète une série d'exhortations qui découlent de l'appel à être remplis de l'Esprit. Beaucoup de versions modernes font, à tort, une coupure entre les versets 21 et 22. La TOB et Français Courant, plus justement, l'établissent entre les versets 20 et 21. (Il convient de signaler que le verbe qui détermine le sens du v.22, dans le texte grec, se trouve au v.21 et n'est pas répété au v.22!) Nous concluons donc que c'est le verset 21 qui donne le ton ! La soumission mutuelle doit être l'attitude des croyants les uns envers les autres dans l'église, comme c'est déjà le cas au sein des familles chrétiennes. Puisque cette soumission réciproque s'applique à tous les maris et à toutes les femmes croyantes, pourquoi ne s'appliquerait-elle pas dans le contexte de la famille de Dieu ?

En outre. Bilézikian fait remarquer que si Eph 5 : 21 constitue une introduction aux versets 22 à 33, la fin de ce passage est tirée de Genèse 2 : 24 (voir Eph 5 : 31). Il conclut ainsi que l'apôtre Paul montre la cohérence qui existe entre l'union de l'homme et de la femme au moment de la création, entre Christ et l'église dans la rédemption et dans la relation qui devrait exister (ou qui existe) entre mari et femme lors du mariage. Il affirme ainsi que le lien commun entre ces trois groupes de relations est le principe du don réciproque de soi-même, chacun cherchant l'intérêt de l'autre !

Pour Paul, donc, le mariage constitue l'endroit où le sens le plus profond, l'amour de Christ pour son église, cet amour qui va jusqu'au sacrifice suprême, peut trouver sa meilleure représentation. La soumission réciproque dans l'amour entre mari et femme est un reflet de l'intention de Christ vis-à-vis de l'église.

Avant d'aller plus loin, nous aimerions inclure quelques réflexions « neutres » de Ray Stedman. Ce pasteur, maintenant décédé, tout en acceptant une notion hiérarchique, écrivit déjà en 1966 que le temps du verbe employé ici interdit la notion de hiérarchie mais demande à un soldat, dans certaines circonstances, de se soumettre à l'autre « dans le cadre de sa mission ! » « Ainsi », dit-il, « se soumettre » signifie 's'adapter aux circonstances'. » (Nous en verrons les conséquences un peu plus loin !)

La signification de la soumission mutuelle (Eph. 5 : 21-24)

- **Pour la femme**

Tout le monde sait que le terme « soumission » peut revêtir plusieurs sens différents selon les circonstances et les motivations de chacun :

- Une soumission « tactique » qui cherche à obtenir un avantage
- Une soumission servile de celle qui se croit inférieure – il s'agit alors de la reddition du vaincu !
- Une soumission d'abandon afin d'obtenir la paix à tout prix
- Une soumission résignée devant l'inévitable, une soumission amère, pleine de ressentiments.

Lorsque l'apôtre Paul exhorte les épouses à se soumettre à leur mari, il exclut toutes ces formes de soumission. Lorsque, au v.22, il recommande une soumission *« comme au Seigneur »* il ne s'agit pas d'une soumission inconditionnelle et absolue. Le texte parallèle de Col. 3 :18 exprime bien sa pensée : *« Femmes, soyez soumises chacune à votre mari, comme il convient dans le Seigneur. »* Autrement dit, la soumission au Seigneur, que ce soit de la part de la femme ou de l'homme d'ailleurs, est la réponse de l'amour à son Sauveur, qui prit la condition de serviteur en premier lieu. Le croyant se soumet volontairement au Seigneur, le cœur rempli de gratitude de cette manifestation de son grand amour. De la même manière, l'apôtre invite l'épouse à se soumettre à son mari, tout comme elle se soumet au Seigneur dans un esprit de service et non de servilité, car elle désire répondre à l'amour par l'amour.

Bilézikian établit une différence entre la soumission d'une épouse à son mari et la soumission à son autorité. Pour ce faire il emploie deux illustrations afin de souligner la différence.

- **La première** : Lui-même se soumet aux autorités en payant ses impôts, même s'il désapprouve certaines utilisations de cette taxe. Cette soumission comporte une dimension contraignante inévitable et n'a rien de commun avec celle qui est demandée dans le cadre du mariage. Ce même auteur poursuit : *« il est juste qu'un enfant soit contraint d'obéir à ses parents, mais il ne l'est pas qu'une épouse ait à obéir à son mari. Une épouse n'est pas un enfant. Elle est 'une seule chair' avec son mari. »*

- **La deuxième** : Malgré son horreur des supermarchés, « temples modernes de Mammon » selon lui, il accepte d'y accompagner son épouse afin de choisir un cadeau. Il s'est donc soumis, volontairement, à son épouse qui désirait son avis. Après beaucoup de discussions et d'hésitations, sa femme s'est rangée à son avis et elle l'a fait par soumission mais non par obéissance ! Si elle avait persisté dans son choix premier, Bilézikian affirme qu'il aurait accepté cette décision mais, elle a accepté, volontairement, de se ranger à son jugement.

C'est cette deuxième illustration qui incarne, selon lui, l'enseignement du Nouveau Testament. Il cite alors Gal. 5 : 13 *« Par l'amour, mettez-vous au service les uns des autres »* (TOB), ou bien, « *que chacun ne regarde pas à soi seulement, mais aussi aux autres. Comptez-vous ainsi, entre vous, comme on le fait en Jésus-Christ...(qui) s'est dépouillé, prenant la condition de serviteur...* » (Phil. 2 : 3-7 TOB)

- **Le verset 23** explique cette logique. L'homme est le « kephalè » de la femme (il n'existe pas de différence en grec entre mari/homme et épouse/femme). Bilézikian fait remarquer que le terme « car » établit le lien entre les versets 22 et 23, fondant ainsi le principe de la soumission réciproque qui caractérise, selon lui, à la fois la création et la rédemption. Il conclut donc qu'Adam s'est soumis à une sorte de « mort » afin de donner la vie à la femme et que cette dernière, dans un geste de réciprocité, meurt à elle-même afin de vivre pour son mari.

  Avec tout le respect que nous avons habituellement pour les propos de Bilézikian nous trouvons qu'il pousse trop loin son argumentation et risque ici de porter préjudice à son exégèse !

- **Le verset 24**, tant cité, *« de même que l'Église est soumise à Christ, les femmes aussi doivent l'être à leurs maris en toutes choses »* a créé bien de problèmes et cela, sans fondement si seulement on prenait le temps d'examiner le contexte ! Lorsque l'on se penche de près sur la comparaison entre la femme et l'homme d'un côté, et l'église et Christ de l'autre, on observe qu'il s'agit d'un mouvement de l'un vers l'autre, dans un service libre et reconnaissant, afin de répondre à l'amour de l'autre ! Le genre de soumission dont il est question, ici, ne saurait donc être suscité ni par intérêt ni par une dépréciation de soi. Ce n'est pas le fruit d'un compromis et encore moins une simple résignation. Non, la soumission de l'épouse chrétienne constitue l'abandon volontaire et délibéré d'elle-même, inspiré par la bonté de Dieu envers elle dans la création et dans la rédemption et en réponse à l'amour sacrificiel de son mari pour elle ! Mais nous anticipons... !

- **Pour l'homme (Eph 5 : 25-33)**

  Bilézikian affirme que si l'apôtre voulait ordonner aux épouses de se soumettre à l'autorité de leurs maris, il aurait dû fournir, à ces derniers le cadre dans lequel ils exerceraient cette autorité. Or, constate l'auteur précité, il n'en est rien. Au contraire ! Paul les invite à un renoncement volontaire et total, inspiré par l'amour, prêt à aller jusqu'au sacrifice suprême. Et, pour illustrer son propos, il établit la comparaison entre l'amour que le mari devrait montrer envers sa femme et celui que Christ manifesta pour son Eglise. C'est ainsi que le verset 25 nous fournit le modèle suprême : Christ prit la condition de serviteur. S'abaissant volontairement, il dévoila l'étendue de son amour pour l'église en se sacrifiant, en mourant pour elle par la mort ignominieuse de la croix. Ainsi, le corollaire de la soumission de l'épouse n'est pas celui du pouvoir ou de l'autorité de son époux mais son humilité, son abnégation et son sacrifice.

- **Les versets 26-27** indiquent le but dudit sacrifice : une transformation qui s'opère par la purification *« par l'eau et la parole »*, allusion peut-être au baptême mais qui ne pourra empêcher de penser au geste du Seigneur qui, la nuit avant qu'il ne soit livré, se ceignit d'un linge pour laver les pieds de ses disciples (Jean 13 :5-8) ? De la même manière donc, le mari chrétien, comme son Seigneur, doit chercher à valoriser et à honorer sa femme en se mettant à son service. Comme Christ cherche l'épanouissement et l'honneur de Son Epouse, l'Eglise, de même le mari doit chercher à rendre à la sienne l'honneur qui lui est dû et à la préserver des contraintes qui pourraient empêcher l'épanouissement de la personnalité que Dieu lui a donnée. L'apôtre Pierre fait la même recommandation aux maris (1 Pierre 3 : 7 BDS) : *« maris, vivez chacun avec votre femme en faisant preuve de discernement, et en tenant compte de la nature plus délicate de la femme. »*

- **Les versets 28-33** indiquent que, concrètement, cela signifie que chaque mari chrétien doit accorder à sa femme la même considération qu'il réclame pour lui-même : il doit l'aimer et la traiter comme sa propre personne car il doit la considérer comme étant *« une seule chair »* avec lui (Gen.2 : 24), comme son propre corps ! Son épouse doit donc pouvoir s'attendre à jouir des même droits et privilèges que lui !

  En rappelant au mari qu'il doit nourrir et prendre soin de son épouse, Paul revient à l'analogie de la tête et du corps, non dans le sens du chef qui donne des ordres mais dans celui de la partie qui, comme le Christ, pourvoit aux besoins du corps et l'entoure d'attentions. Ainsi, déprécier, humilier ou asservir sa propre femme est un désaveu du principe de la soumission mutuelle. L'homme doit donc considérer sa femme comme il se considère lui-même, c'est-à-dire comme son égale.

- **Les versets 31-32** montrent que l'union de Christ et de l'église est semblable au lien conjugal, défini à la création : égalité et complémentarité dans une soumission réciproque, soumission qui est le reflet d'une profonde réalité dans l'être de Dieu lui-même !

  La recommandation finale de Paul au v. 33 insiste davantage sur les devoirs de l'homme que sur ceux de la femme ! En réalité, l'ensemble des recommandations faites aux maris tient en 92 mots grecs [vv.25-30] tandis que celles adressées aux femmes ne tiennent qu'en 40 [vv.23-24]. C'est comme si l'apôtre voulait rappeler aux maris chrétiens que la soumission de leurs femmes, sur laquelle il n'était nullement nécessaire de s'étendre à cette époque-là ni à la nôtre, dans certains milieux évangéliques, ne devait pas servir de prétexte pour s'arroger une quelconque autorité sur leur femme. « *Que chacun aime sa femme comme lui-même* ! »

  Or, lors de la chute, Satan s'empara de l'institution divine de la famille pour en faire la citadelle de son royaume du mal ! Il s'y attaque toujours d'ailleurs ! Mais la puissance de l'évangile de Christ est venue briser les structures sataniques qui ont maintenu dans l'asservissement la création divine. Elle a été déployée pour transformer la famille en une communauté de l'Esprit dans laquelle la soumission mutuelle est une vivante représentation de l'amour qui existe entre Christ et l'Eglise !

  Ayant développé l'argumentation de Bilézikian et avant d'aborder celle de Grudem, nous nous permettons quelques réflexions de Stedman...

  Ce dernier souligne la comparaison qui existe entre le mari en tant que « tête » et le Christ en tant que « tête » et il se demande ce que signifie la notion de Dieu en tant que « tête » de Christ. Il établit les points suivants :

  - **L'identité** : « *moi et le Père, nous sommes un* » (Jean 10 : 30.) De plus, dit-il, les Écritures enseignent que lorsqu'un homme et une femme se marient, ils deviennent « une seule chair » - il existe donc une forme d'identité dans cette notion de « tête » !
  - **La coopération** : « *Mon Père travaille jusqu'à présent. Moi aussi je travaille* » (Jean 5 : 17.) Tout comme il existe une coopération entre Jésus et son Père, de même il doit y avoir coopération entre un homme et son épouse.
  - **L'honneur** : « *J'honore mon Père* » (Jean 8 : 49), « *mon Père me glorifie* » (Jean 8 : 54.) L'honneur est donc partagé !
  - **La déférence** : « *Le Père est plus grand que moi* » (Jean 14 : 29,) « *je fais toujours ce qui lui est agréable* » (Jean 8 : 29) — c'est aussi ce que Jésus a dit dans le Jardin de Gethsémané — « non pas ma volonté, mais la tienne. »

En dernier ressort donc, malgré la réalité profonde d'unité, de coopération et d'honneur réciproque, selon Stedman, la femme devrait se soumettre à la volonté de son mari.

Le refus de Bilézikian d'accepter toute idée d'autorité semble contredire toutes les recherches entreprises par Grudem. Ce dernier cite Bilézikian (citation que nous n'avons pas pu trouver) : *« L'imposition d'une structure hiérarchique sur cet équilibre exquis de réciprocité paganiserait la relation conjugale et rendrait caduque le paradigme Christ/Eglise.* » Grudem réagit énergiquement contre cette affirmation mais commet l'erreur d'assimiler ce que lui-même considère comme étant la soumission qu'une épouse doit à son mari à l'obéissance que les enfants doivent aux parents. Or, les termes sont loin d'être identiques ! Là où son argumentation semble avoir plus de poids, c'est lorsqu'il observe que, selon Bilézikian, l'autorité que Christ exerce sur l'église serait une idée païenne ! Nous croyons qu'il a raison de réagir contre l'idée que toutes notions de hiérarchie, d'autorité et de soumission à l'autorité, soient des concepts païens. Bilézikian va peut-être trop loin donc en affirmant qu'aucune notion d'autorité et de soumission à cette autorité se trouvent dans la relation entre Christ et l'Eglise.

Comme l'on peut s'y attendre, George Knight, dans un chapitre intitulé *« Les maris et les femmes en tant qu'analogies de Christ et l'Eglise »* dans l'ouvrage édité par Grudem, arrive à une tout autre conclusion. Comme Bilézikian il constate que le verbe *« se soumettre »* se trouve au v.21 d'Ephésiens 5 mais en conclut que ce n'est pas parce que ce verset constitue la clef du passage mais parce qu'il est transitoire ! Nous avouons ne pas trop bien comprendre sa logique ! Comment se fait-il qu'un verset, qui contient le verbe essentiel à la compréhension du passage, soit considéré comme transitoire alors que le suivant, sans verbe, est, selon lui, fondamental ?

En examinant ce que l'apôtre entend par « soumission mutuelle », Knight, comme Bilézikian, arrive à la conclusion que le temps du verbe employé par Paul signifie une soumission volontaire, laquelle caractérisait, non seulement la communauté chrétienne, mais qu'elle était activement encouragée à l'instar de Jésus lui-même (Phil 2 : 3ss. - voir aussi Mat. 20 : 26-28 ; Marc 10 : 43-45 ; Luc 22 : 26-27). Knight, cependant, sur la base de l'expression *« ta auta » - de la même façon* [Eph 6 : 9] - conclut que cette exhortation s'adressait également aux maîtres et aux esclaves et que l'exhortation d'Ephésiens 5 :21 est, par conséquent, comme les autres, une exhortation générale à une soumission réciproque !

Est-il juste, cependant, de comparer la relation « maître/esclave » à celle d' « époux/épouse »? Même à cette époque, ces relations n'avaient rien de commun ! Si nous suivons l'hypothèse de Knight, comment se fait-il que l'apôtre préconise « la soumission mutuelle » dans la relation entre époux/épouse tandis qu'il ordonne l'obéissance des esclaves à leur maître ou des enfants à leurs parents ? Paul, voulait-il dire la même chose aux uns et aux autres en employant des termes différents ? Là aussi, sa logique nous échappe !

Cette contradiction a donc poussé certains interprètes à adopter « la position classique, c'est-à-dire, « hiérarchique » - Christ/Eglise, homme/femme, maître/esclave, enfant/parent et donc à considérer le v.21 comme étant « transitoire » tandis que Bilézikian (et d'autres !) le considèrent comme verset charnière ! Voici donc pourquoi les deux positions s'affrontent et sont, apparemment, inconciliables ! Nous renvoyons donc nos lecteurs à la position de Stedman évoquée plus haut !

Knight, tout en se rapprochant de Bilézikian au sujet de la soumission mutuelle, préconise des rôles distinctifs, non nécessairement hiérarchiques mais complémentaires. Selon lui, il devrait y avoir une soumission unilatérale dans le contexte d'une soumission réciproque, laquelle découle des devoirs, des rôles et des responsabilités au sein du concept chrétien de soumission mutuelle.

Il essaie donc de rendre son interprétation plus facile à comprendre en la détaillant en trois parties :

- Le rôle de chacun (la soumission/la direction)
- L'attitude dans laquelle chacun accomplit son rôle (l'amour/le respect)
- L'analogie du mariage à la relation entre Christ et l'Eglise

En ce qui concerne le rôle des épouses, Knight affirme que Paul ordonne qu'elles soient soumises en toutes choses comme l'église se soumet à Christ (voir aussi le v.24). Il poursuit que c'est aussi l'argument principal de Col 3 : 18. Il affirme encore que cette soumission se trouve dans tous les passages du Nouveau Testament qui traitent de la relation entre époux, et il va jusqu'à maintenir que la soumission de l'épouse à son époux n'est pas une concession aux coutumes contemporaines mais qu'elle est un point fondamental de l'enseignement biblique, y compris la doctrine qu'en Christ, il n'y homme ni femme (Gal. 3 :28). Knight maintient que ce verset constitue un appel à celle qui est égale par sa création et par sa rédemption à se soumettre à l'autorité établie par Dieu ! Mais nous nous permettons de poser la question, de quelle autorité s'agit-il ? Ce passage ne mentionne l'autorité que dans la mesure où l'on admette d'avance que le terme *kephalè,* dans ce contexte, signifie une hiérarchie !

Pour appuyer son argument Knight fait remarquer que jamais le Nouveau Testament ne demande aux maris de se soumettre à leurs épouses. Il en conclut que le sens ici doit être semblable à celui énoncé dans Hé. 13 : 17 où les membres d'église, égaux par leur création et leur rédemption doivent *« obéir à leurs dirigeants et à leur être soumis »* ou à l'exhortation des jeunes hommes d'être soumis à l'autorité des plus âgés. Pour répondre à cette partie de son argumentation nous nous permettons tout simplement de demander où la notion d'autorité ou de hiérarchie se trouve dans le contexte immédiat ? Il ne suffit pas d'établir une comparaison avec des membres d'église envers leurs dirigeants ou des jeunes envers les plus âgés, situation où la notion hiérarchique est clairement établie, avec la relation entre époux. Les deux situations sont loin d'être analogues !

Il est certes vrai que Knight insiste pour que l'époux traite son épouse avec du respect (voir 1 Pierre 3 : 7) mais l'apôtre Paul va encore plus loin lorsque, en citant Christ comme exemple, il demande aux époux de se sacrifier pour leurs épouses. Mais nous anticipons encore une fois...

Knight affirme que la nature de la soumission de la femme tourne autour de quatre idées clefs

- Une soumission à son propre mari (voir le texte grec)
- « Comme au Seigneur » - voir aussi Col 3 :18
- « Car le mari est le chef de la femme » (v.23)
- « Comme l'église se soumet à Christ » (v.24.)

Heureusement Knight admet que Paul ne demande pas à chaque femme de se soumettre à tous les hommes ! Il dit, en effet, que Paul n'exige pas une soumission dans tous les cas de figure, seulement là où la relation l'exige - comme dans un mariage par exemple ! Voir à ce propos les arguments de Bilézikian et de Stedman plus haut !

Paul insiste aussi que, dans le cadre d'une église - la famille de Dieu - où il est question de « direction » (« leadership »), ce rôle soit réservé aux hommes. Que dire alors des prophétesses sous l'Ancienne Alliance ? Paul qui était « plus Juif que Juif », aurait-il renié l'enseignement de l'Ancien Testament et que dire de ses propres collaboratrices ? La réponse de Knight est de faire appel à 1 Tim 2 : 11-12 et à 1 Cor 14 :3 4ss) mais nous en avons déjà parlé !

Puis il en vient, à la nature du rôle de la tête. Il admet que tous ne sont pas d'accord avec la notion « d'autorité » mais parlent plutôt de « source. » Il renvoie ses lecteurs à l'étude de Grudem à ce sujet et à la plupart des lexiques grecques. Sans donc entrer dans le détail, il plaide pour une notion d'autorité dans ce passage - la femme à son mari et l'église à Christ. Il affirme que les deux concepts s'expliquent. Soit ! Mais ce qu'il « oublie » de dire c'est que l'exemple de Christ ne fait aucun cas de son autorité sur l'église comme étant quelque chose qui exige la soumission de cette dernière. Au contraire, comme Bilézikian souligne, c'est une attitude de service à cause de son amour qui appelle une soumission en retour à cause de l'amour réciproque ! Il est vrai que Knight fait appel à Eph 1 :22 *« Dieu a tout mis* sous *ses pieds* » et à Eph 4 :15 en affirmant que c'est cette idée de « leadership » qui donne la cohésion au corps. En expliquant comment cette notion a été établie, Knight fait appel à 1 Cor 11 et à Gen 2 : 2 1-24 – et il en conclut que le « leadership » masculin fut établi par Dieu lui-même ! Nous nous demandons donc, encore une fois, pourquoi l'homme avait besoin d'une compagne ! Était-ce afin d'exercer son autorité sur une autre créature (il avait déjà tous les animaux !) ou afin de trouver son vis-à-vis, son complément indispensable ? Nous suggérons que la femme fut créée non pour qu'il puisse exercer son autorité sur elle mais pour qu'elle le complète dans l'harmonie d'une relation conjugale !

Knight, nous semble-t-il, est très condescendant, lorsqu'il affirme que l'apôtre Paul s'adresse toujours à ceux qui sont sous l'autorité en premier ! Il s'adresserait donc aux femmes avant leurs maris ; à l'esclave avant le maître ; à l'enfant avant ses parents ! Nous déduisons donc qu'il affirme la même chose à propos de Priscille et d'Aquila ou, remontant plus loin encore, dans l'histoire, de Huldah et Josias ou encore, des animaux avant l'homme ! Sérieusement, l'ordre dans lequel se trouvent les personnes, tant dans l'Ancien Testament que dans le Nouveau ne signifie, en aucun cas, une supériorité ou une infériorité !

Il est certes vrai que Knight appelle les hommes à aimer leurs épouses. Il observe que ce mot clef : « *amour* » se trouve 6 fois dans Eph 5 : 22- 33 mais persiste à affirmer que cet amour a lieu dans le cadre du « leadership » du chef. En réalité, il va jusqu'à inverser les rôles car il affirme : *« comme l'église qui se soumet à Christ, de même, l'épouse se soumet à son époux, sa 'tête'. Christ, dans son amour pour l'église est le modèle pour le mari dans son amour pour son épouse. »* Il nous semble que Knight confond la notion de chef et de subordonné. Il s'avère qu'il conclut que l'institution divine est la mieux préservée lorsqu'on place la soumission d'abord et le devoir d'aimer ensuite. Mais nous avouons ne pas être convaincu par ses arguments.

Par la suite, Knight demande aux hommes d'aimer « *comme Christ a aimé* » mais il persiste à situer cet amour dans le cadre du « leadership » du chef. Nous n'estimons pas avoir besoin de poursuivre l'analyse de Knight sur les implications de la phrase : « *Une seule chair* » ni sur le caractère « tendre » de l'autorité de Christ et de l'analogie établie entre lui et l'église car nous pensons avoir déjà exposé les failles de son argumentation.

Pour conclure cette dernière partie de notre étude, il nous semble que la thèse principale de Bilézikian, en ce qui concerne la relation conjugale, à la fois à cause du contexte et des illustrations fournies par le contexte même, donne, plus ou moins, une juste interprétation de ce passage. Nous restons cependant sensibles aux nuances apportées par Stedman.

Ce dernier, afin d'apporter l'équilibre qui convient dans de tels débats, suggère que l'injonction aux maris *« d'aimer chacun son épouse, comme Christ a aimé l'église »* signifie qu'il doit se sacrifier pour elle. *« Aucun mari ne manifeste son rôle dans le mariage que s'il apprend à se donner pour sa femme, à s'ouvrir à elle, à partager ses joies et ses peines, ses ambitions et ses déceptions* à *s'exposer totalement* à *sa femme.* » Comme pour la femme, le Christ est le modèle ! Si, dans cette étude, nous insistons particulièrement sur le rôle de la femme dans l'église et dans la famille, il ne faut pas oublier, dans ce dernier cas, ce que doit être le rôle du mari !

Il est toujours difficile de faire la part des choses entre des érudits qui n'arrivent pas à se mettre d'accord, et nous serions bien téméraires de nous aventurer dans ce champ de mines sans avoir des compétences nécessaires. Cela dit, il existe un autre argument qui nous fait pencher plutôt vers l'interprétation de Bilézikian. Sans être expert en grec et sans posséder l'érudition de ses hommes de valeur, c'est tout simplement le contexte d'Éphèse et les textes déjà étudiés !

Les encratites, dont nous avons déjà parlé, encourageaient les femmes à se séparer de leur mari, préconisant ainsi une rupture totale des structures en place. Or, comme nous avons déjà vu, la famille est l'élément de base, créé par Dieu dès l'origine. Paul rétablit cet ordre créationnel non seulement en montrant la soumission réciproque mais en donnant le Christ comme modèle dans son rôle de serviteur. Veillons donc à ce que nos familles soient, par la grâce de Dieu, des modèles pour nos contemporains !

Il nous reste, en concluant, à aborder la place des veuves et des célibataires au sein de la communauté chrétienne. Il est vrai que, strictement parlant, ce sujet ne devrait pas faire partie de cette étude déjà assez longue. Mais comment terminer sans en parler ? De nombreuses personnes, de nos jours, se trouvent sans conjoints, sans parents et sans soutien. Il nous semble que, dans le cadre d'une telle étude, il devrait y avoir de la place pour aborder ces questions. Ce sera donc la fin de notre parcours !

L'église est appelée *« la famille de Dieu »* (Eph 2 : 19.) Force est de constater qu'il n'existe pas beaucoup d'allusions aux célibataires dans le Nouveau Testament. Si Paul dit à Timothée, responsable de l'église d'Ephèse, « à *ceux qui ne sont pas mariés et aux veuves, je dis qu'il leur est bon de rester comme moi* », il le met également en garde contre de faux docteurs qui prescrivaient de ne pas se marier (1 Tim. 4 : 3). Rappelons-nous aussi que les diacres furent nommés (Actes 6 : 1) afin de s'occuper du service quotidien des veuves, les vraies ! (nous avons déjà vu le problème posé à Ephèse et les qualifications requises afin de bénéficier de l'aide de l'église [1 Tim 5 : 3,9-16]).

Le célibat est un don comme l'est le mariage. Certaines personnes semblent être très à l'aise dans cette situation et pas du tout désireuse de trouver « l'âme sœur. » D'autres, en revanche, souffrent de la solitude qui peut être plus ou moins aiguë selon les moments. Sans vouloir établir une règle absolue, nous suggérons que ce soit une des responsabilités de l'église, cette famille de Dieu, de les entourer, de les encourager, de s'assurer qu'ils ne se trouvent pas seuls pendant les fêtes etc. Et il incombe également, aux célibataires et aux veufs/veuves de ne pas s'apitoyer sur leur sort mais d'inviter, eux aussi, lorsque les circonstances le permettent, d'autres personnes afin qu'il y ait une véritable communion fraternelle dans un désir de comprendre les besoins et les aspirations de l'autre.

Egalité en Christ ?

Le Rôle de la Femme dans la Bible

Table des Matières

Chapitre 1. **La femme dans l'Ancien Testament** **pp.2-11**

Introduction
Avant la Chute
Après la Chute
Sous l'Ancienne Alliance
Dans les Evangiles
Dans le ministère de Jésus

Chapitre 2. **La femme dans les Actes et église primitive** **pp.12-23**

Chapitre 3. **La femme à Corinthe (A) « Et la tête ? »** **pp.24-35**

Chapitre 4 **La femme à Corinthe (B) « Quelles se taisent »** **pp.36-45**

Chapitre 5 **La femme à Ephèse « Une question d'autorité » pp.46-61**

Chapitre 6 **La femme dans la famille « La soumission réciproque » pp.62-79**

Bibliographie

Appéré G: « L'Egalité de la femme et de l'homme dans la Bible » (Unpublished paper 1989)
Baldwin J: "Women's ministry: a new look at biblical texts" in The Role of Women" S. Lees, IVP 1984
Barclay William: "The Letters to Timothy, Titus & Philemon", St. Andrews Press
Barnes A: "Barnes on the NT – Acts & Romans" Blackie & Sons
Bedale S: "The Meaning of Kephalé in the Pauline Epistles" Journal of Theological Studies 1954
Barron B: "Putting Women in their Place" 1 Tim 2 and Evangelical Views of Women in Church Leadership", JETS 33.4, 1990
Bilezikian G: "Hierarchist and Egalitarian Enculturations" JETS 30:4, 1987
Bilezikian G: « Homme-femme Vers une autre Relation » Grace et Vérité 1992
Brown A: "Apology to Women" IVP 1991
Bruce F.F: "L'Epître aux Romains" Sator 1986
Bushnall K: "Covet to Prophesy" in God's Word to Women"
Carson D: "Showing the Spirit", Baker Book House, 1987
Carson D: "The Role of Women in 1 Cor. 14" in Recovering Biblical Manhood & Womanhood", Piper & Grudem, Crossway 1991
Cranfield C.E.B: "Commentary on Romans" quoted by Michael Griffiths – conference Paris 1988
Culver R: "Does Recent Scientific Research overturn the claims of Radical Feminism...? JETS 30.1, 1987
Grudem W: "Prophecy, yes but Teaching, no" JETS 30.1, 1987
Cervin R.S: "Does Kephalé mean 'Source' or 'Authority over' in Greek literature?" Trinity Journal 1989
Fee G: "Commentary on 1 Corinthians" Eerdmans 1987
Forster R: "The New Humanity", Ichtus Christian Fellowship, 1983. See also, Dictionary of the Christian Church, Paternoster Press, 1978.
Godet F: « Les Epîtres aux Corinthiens » T&T Clark 1889
Griffiths M & V: Conférence, *"Les ministères au féminin"* Paris 1988. See also "The Role of Women", Ed. Shirley Lees, IVP, 1984.
Grosrenaud E: "Women in the Gospels", Paper at Pastor's Conference, Colmar, France 1990
Grudem W: "The Meaning of Kephalé: a response to recent studies" in "Recovering Biblical Manhood & Womanhood", Piper & Grudem, Crossway 1991
Harris T: "Why did Paul mention Eve's Deception?" Evangelical Quarterly 62.4, 1990
Hendriksen W: "The Epistles of Timothy & Titus", Banner of Truth, 1964
Henry Matthew: "Commentary on the New Testament" (Acts 12:13-15), now available online.
Hodge C: "Commentary on Romans" Eerdmans, 1960
Howard J.K. "Neither Male or Female: An Examination of the status of women in the N.T." *EQ* 55/1 1983
Hulse E. Reformation for the Family, 1974
Hugenberger G.P: "Women in Church Office: Hermeneutics or Exegesis?" JETS 35:3, 1992
Hurley J: Man & Woman in Biblical Perspective, IVP 1981
Kostenberger A: "Ascertaining Women's God-Ordained Roles: An Interpretation of 1 Timothy 2:15," Bulletin for Biblical Research 7, 1997
Kidner Derek, Genesis, IVP 1967
Kroeger C.C: "The Apostle Paul and the Greco-Roman Cults of Women", JETS 30:1, 1987
Kroeger C.C: "Ancient Heresies and a strange Greek Verb" in God's Word to Women 2005
Krupp J: "What about Submission and Headship,"
Kuen A: « La femme dans l'Eglise » Editions Emmaüs, 1994
Leupold H.C. "Exposition of Genesis", Christian Classics Ethereal Library
Liefield W: "Women and the Nature of Ministry" JETS 30:1, 1987
Loverini A, "Essay in Exegesis of 1 Cor. 14:33b-36, Pastor's Conference, Colmar, France 1990
MacArthur John, "Portraits of Two Women" CD's, Grace To You, 1973
MacArthur John, "Study Bible" ESV, Crossway, 2010
Maillot Alphonse, «Eve, ma mère : la femme dans l'Ancien Testament » Letouzey et Ané, Paris 1990
Marshall H: "The Role of Women" in Lees, IVP 1984
Moo D: "What does it mean Not to Teach or have Authority over men?" in Piper & Grudem 1991
Morris Henry: "The Genesis Record", Baker Book House, 1976
Motyer S: "Expounding 1 Tim 2:8-15" biblicalstudies.org.uk, Vox Evangelica 24, 1994
Olyott S: "The Gospel as it Really Is" Commentary on Romans, EP 1987
Ortlund R.C: "Male-Female Equality and Male Headship" in Piper & Grudem 1991
Pierce R.W: "Evangelicals and Gender Roles in the 1990s" *JETS* 36:3, 1993
Radloff M : « Le Ministère de la Parole de la Femme», Doctoral thesis, Faculty of Strasbourg, 1991
Ramsay W.M. "The Cities of St. Paul" Hodder & Stoughton, 1907
Sanday & Headlam: "Critical & Exegetical Commentary on Romans", T&T Clark 1902
Schoeni M: "Teaching and Independence of Women", 1 Tim 2:8-15, Pastor's Conference, Colmar, 1990
Scholar D: "Feminist Hermeneutics and Evangelical Biblical Interpretation" JETS 30:4 1987
Strong AH: Systematic Theology, Rochester, 1886
Tournier P: « La Mission de la femme » Delachaux-Niestlé, Neuchâtel-Paris, 1979

Printed by Books on Demand GmbH, Norderstedt / Germany